Gabriele Hasmann
Prominente Geister

Gabriele Hasmann

PROMINENTE GEISTER

Wo berühmte Persönlichkeiten in
Österreich spuken

ueberreuter

1. Auflage 2017
© Carl Ueberreuter Verlag, Wien 2017
ISBN 978-3-8000-7683-3

Covergestaltung: Saskia Beck, s-stern.com
Coverfoto: © Shutterstock / Sundrew
Fotos Innenteil: © Gabriele Hasmann
Satz: Hannes Strobl, Satz·Grafik·Design, Neunkirchen
Druck und Bindung: Finidr s. r. o.

www.ueberreuter-sachbuch.at

„Prominente Leichen ernähren viele
Geschichtsschreiber."

Martin Reisenberg
*1949, deutscher Autor und Diplom-Bibliothekar

„Da der Tod der wahre Endzweck unseres Lebens ist,
so habe ich mich mit diesem wahren, besten Freund des Menschen so
bekannt gemacht, daß sein Bild allein nichts Schreckliches mehr
für mich hat."

Wolfgang Amadeus Mozart
1756–1791, Komponist der Wiener Klassik

„Freude an der Arbeit lässt das Werk trefflich geraten."

Aristoteles
384–322 v. Chr, griechischer Philosoph

Inhalt

Einleitende Worte

Für dieses Buch habe ich mich auf die Spuren prominenter Geister begeben, um herauszufinden, welche bekannten Persönlichen aus dem In- und Ausland in Österreich spuken.

Ich bin herumgereist, habe schaurige Orte besucht und Zeugen rational unerklärlicher Sinneseindrücke befragt. Es handelt sich dabei um Menschen, die akustische und optische paranormale Phänomene wahrnehmen, einen Kontakt zum Jenseits herstellen und diesen berühmten Menschen zuordnen können: Personen aus der vornehmen Gesellschaft und Künstlerszene, politische Größen und anerkannte Genies, Menschen mit besonderer Ausstrahlung sowie mit besonders bösartiger Veranlagung.

Auf meiner Tour durch das Land bin ich nicht nur auf die Geister der Vergangenheit gestoßen, die nicht in Frieden ruhen können, sondern auch auf viele unerklärliche und mysteriöse Begebenheiten, die Ihnen, bestimmt so wie mir, die Gänsehaut über den Rücken jagen werden.

Aus den von mir besuchten Spukorten habe ich die interessantesten ausgewählt, deren historischen Hintergrund und die Geschichte des dort spukenden prominenten Wesens erzählt. Zugleich habe ich die Spukberichte auf Glaubwürdigkeit geprüft und sämtliche Hintergründe der Erzählungen recherchiert.

Zur Erläuterung übernatürlicher Phänomene: Beim Ableben mancher Menschen – ob sie nun überraschend oder nach stundenlangem Todeskampf, unzufrieden oder unglücklich vom Diesseits ins Jenseits wechseln mussten – kann es vorkommen, dass ein Teil ihrer Seele als feinstoffliche Energie in der irdischen Welt zurückbleibt. Die Schwingungen dieser Lebenskraft werden als Spukerscheinung wahrgenommen, doch nicht jeder von uns erlebt dies auf dieselbe Art und Weise oder ist überhaupt dazu in der Lage.

Ebenso unterschiedlich sind die Gründe, aus denen Seelen nicht zur Ruhe kommen – auch bei den prominenten Geistern sind diese nicht immer nachvollziehbar. Einen bindet große Schmach aufgrund einer persönlichen Niederlage, andere ein Geheimnis, ein tragisches Erlebnis oder tiefe Reue. Genauso können positive einschneidende Erfahrungen zu Spuk führen.

Noch ein Hinweis: Die nachfolgenden Berichte über gespenstische Erlebnisse stammen von namentlich bekannten, aber zumeist anonym bleiben wollenden Augen- und Ohrenzeugen (und spiegeln nicht meine Meinung wider). Sie wurden von mir gesammelt und aufgezeichnet.

Und zuletzt noch zur Erklärung: Ich habe auch in diesem Buch versucht, mir unwichtig scheinende historische Details sowie eine Aneinanderreihung von Daten zu vermeiden, da es sich bei meinem Werk nicht um eine wissenschaftliche Abhandlung oder Sammlung von Biografien handelt. Dennoch wurden die Fakten zu den vorkommenden Personen sorgfältig zusammengetragen und recherchiert, ihr Lebensweg aus Platzgründen lediglich verknappt.

Ich wünsche Ihnen viel Spaß beim Lesen und Gruseln – bleiben Sie neugierig und bewahren Sie sich stets eine offene Geisteshaltung!

In diesem Sinne,
Ihre Gabriele Hasmann

g.hasmann@kabsi.at
www.wunschtext.at, www.facebook.com/Spukbuecher

Elisabeth Báthory (1560–1614)

Die reuelose „Blutgräfin"

Mit rund 650 Opfern gilt die „Blutgräfin" Elisabeth (Erzsébet) Báthory laut Guinessbuch der Rekorde (Ausgabe 1988) als die größte Serienmörderin aller Zeiten. Ihre bestialischen Taten waren an Grausamkeit kaum zu überbieten. Die ungarische Adelige hatte in mehreren Ländern Europas junge Mädchen auf ihre Schlösser und Burgen gelockt, brutal misshandelt und danach qualvoll sterben lassen oder mit eigener Hand getötet. Einige blutige Spuren dieser sehr grausamen Persönlichkeit, die einerseits aus Langeweile, andererseits aus purem Sadismus folterte und mordete, führen auch nach Österreich, genauer gesagt: nach Wien und ins Burgenland. Und dort spukt die gnadenlose Gräfin – die das Blut der von ihr regelrecht abgeschlachteten jungen Frauen angeblich zur Hautpflege verwendete – bis heute und findet keine Erlösung.

*

Elisabeth wurde 1560 als Tochter von Anna und deren drittem Ehemann Georg Báthory, einem adeligen Militär, geboren. Sie gehörte einer der mächtigsten ungarischen Familien der damaligen Zeit an, deren Reichtum so groß war, dass sogar König Matthias II. von Habsburg in ihrer Schuld stand. Das Aristokratengeschlecht der Báthory herrschte unter anderem über das Gebiet Transsilvanien, um das es mit dem Haus Habsburg einen langanhaltenden Machtkampf führte.

Da die Nachkommen der relativ wenigen ungarischen Adelsfamilien immer wieder untereinander verheiratet wurden, kam es – wie in vielen anderen Dynastien auch – zum Inzest, was eine genetische Degeneration zur Folge hatte.

Elisabeth hatte keine schöne Kindheit, sie litt an Epilepsie und musste im Alter von neun Jahren mitansehen, wie ihre beiden Schwestern von rebellischen Bauern vergewaltigt und aufgehängt wurden. Danach stand das labile Mädchen unter dem Einfluss seines älteren Bruders Stephan, der während seiner Alkoholexzesse zum aggressiven Schläger und Frauenvergewaltiger mutierte, und ihres Onkels Gábor, einem praktizierenden Teufelsanbeter.

Mit elf Jahren wurde die junge Aristokratin, die trotz zahlreicher Schicksalsschläge eine gute Ausbildung genossen hatte und fließend Ungarisch, Deutsch und Griechisch sprach, mit Franz (Ferenc) Freiherr Nádasdy verlobt. Das Paar heiratete drei Jahre später auf der ungarischen Burg Sárvár und bekam fünf Kinder, von denen zwei noch im Säuglingsalter starben.

Elisabeths Ehemann kämpfte bereits in jungen Jahren als Soldat, zeichnete sich in einigen Schlachten während der Türkenkriege aus und gehörte in der Habsburgermonarchie dem Kriegsrat an. Franz Nádasdy war bekannt für seine Grausamkeit Feinden gegenüber und wurde nicht zuletzt aufgrund seines schwarzen Harnischs mit dem silbernen Kreuz der „Schwarze Ritter" genannt. Wegen seiner sadistischen Veranlagung kam es in der Ehe mit Elisabeth von Anfang an zu perversen Machtspielen, Nádasdy soll seiner Frau später sogar Foltertechniken beigebracht haben.

Befand sich der Gatte auf dem Schlachtfeld und kämpfte gegen die Osmanen, langweilte sich die junge Gräfin, die sich in dieser Zeit vorwiegend auf der Burg Čachtice in der heutigen Slowakei aufhielt. Sie machte zahlreiche Männer und Frauen zu ihren Sexpartnern, unter anderem ihre lesbische Tante Klára. Außerdem beschäftigte sie sich mit Magie, Hexerei und Okkultismus.

Die erste Bluttat dürfte Elisabeth begangen haben, nachdem sie einen ihrer Geliebten dabei erwischt hatte, als er mit der Küchenhilfe schlief. Sie folterte das Mädchen mit einer Schere, schnitt ihm, als es schrie, die Stimmbänder durch und quälte es so lange, bis es unter furchtbaren Schmerzen verstarb.

Ab 1594 verbrachte Elisabeth mehrere Monate im Jahr auf Burg Lockenhaus und begann dort ebenfalls zu morden. Als in dem burgenländischen Ort und dessen Umgebung die Pest ausbrach, ließ die Gräfin alle Menschen der betroffenen Dörfer ringsum begraben, egal ob sie noch lebten oder bereits tot waren. Darüber hinaus befahl sie, alle Juden innerhalb ihres Regierungsbereichs umzubringen, da sie ihnen die Schuld am Ausbruch der Seuche gab.

Aus dem Jahr 1596 ist ein Brief erhalten, in dem die ungarische Adelige ihrem abwesenden Ehemann schrieb, dass die Seuche kein Problem sei, sie sich aber Sorgen um die Zähne ihrer Tochter Katalin mache, die bis in die Kieferknochen verfaulten.

Hin und wieder hielt sich Elisabeth auch in ihrer Wiener Wohnung in der Augustinerstraße 12 auf – und während sie ihr Luxusleben als Dame der noblen Gesellschaft genoss, gingen ihre Diener auf Mädchenfang. Sie köderten die jungen Frauen mit dem Versprechen einer Anstellung als Kammerzofe und Küchenhilfe, brachten sie bei Nacht und Nebel mit Kutschen aus der Stadt und verteilten sie auf die verschiedenen Herrschersitze, damit Elisabeth überall und jederzeit Zugriff auf „frisches Blut" hatte.

In ihrer Stadtwohnung trug es sich auch zu, dass die Gräfin einmal die Nachbarn über die talentierte ungarische Sängerin Ilona Harczy reden hörte und diese daraufhin zu sich einlud. Die Künstlerin lehnte jedoch ab und Elisabeth schwor daraufhin hasserfüllt, dass „dieses unhöfliche und hochnäsige Weib" nie wieder einen Ton von sich geben würde. Sie ließ sie von einem ihrer Diener zu sich bringen und folterte sie in einem stundenlang dauernden Blutrausch zu Tode.

Im Jahr 1602 kam es in der Ortschaft Deutschkreutz im heutigen Burgenland, die wie Lockenhaus ebenfalls unter der Herrschaft der Nádasdys stand, zu einem Eklat. Der Pastor Gergely Pythiraeus empfahl dem Kreisdechanten István Magyari, Elisabeth zu verbannen. Er hätte mit dieser geisteskranken „hoherasszony" (ung. Henkersfrau) schon zu viel mitgemacht, da sie trotz seiner Ermahnungen weiterhin ihren grausamen Gewohnheiten nachgehe und laut Zeugen in Deutschkreutz bereits mehrere Frauen gefoltert und getötet habe. Es sei die Pflicht eines Seelsorgers, solche Menschen aus der Gemeinschaft auszuschließen, bis sie Buße taten.

Magyari, der ein paar Jahre später bei der Bestattung von Franz Nádasdy in Lockenhaus die Leichenrede hielt, trat daraufhin offen gegen seine Grundherrin auf und ordnete an, „man möge die Leichen ausgraben und sie auf Spuren der Quälerei untersuchen". Elisabeth dachte jedoch gar nicht daran, dies zu erlauben, geschweige denn Reue zu zeigen.

Sie stritt die Taten sogar ab und beschwerte sich bei ihrem Ehemann über den Frevler Magyari. Nádasdy missfiel zwar die Anschuldigung des Dechants, dennoch unternahm er nichts gegen ihn und empfahl seiner Gemahlin lediglich, künftig etwas dezenter vorzugehen.

1604 starb der „Schwarze Ritter" an einer Krankheit (nach anderen Quellen wurde er von seiner Gattin vergiftet) und hinterließ Elisabeth das gesamte Familienvermögen. Einen Tag vor seinem Ableben soll er den ungarischen Vizekönig und zugleich angeheirateten Cousin seiner Ehefrau, Graf György Thurzó, in einem Schreiben gebeten haben, nach seinem Tod auf die zurückbleibende Witwe achtzugeben.

In der Folgezeit wurde die „Blutgräfin", die nicht allzu lange um ihren Mann trauerte, aufgrund ihres neuen Reichtums immer mächtiger und zugleich auch immer hemmungsloser. Ihre Bediensteten mussten das Land ununterbrochen nach unverheirateten jungen Mädchen absuchen. Die Adelige beschränkte sich nun nicht mehr darauf, ihre Opfer auf grausamste Art und Weise zu quälen und zu verstümmeln, sondern demütigte diese vor ihrem Tod auch noch und nahm ihnen damit die letzte Würde. So sollen die Frauen beispielsweise bei Minusgraden nackt im Burghof zusammengetrieben und dann von einem Fenster aus mit eiskaltem Wasser übergossen worden sein, bis sie erfroren. Aus den später angelegten Prozessakten geht außerdem hervor, dass Elisabeth den Mädchen Nadeln in die Augen steckte, glühende Eisenteile auf die Haut presste, brennendes Ölpapier zwischen ihre Zehen steckte oder den Mund zunähte. Darüber hinaus hatte die grausame Gräfin angeblich auch gerne Fleisch aus den Körpern der Frauen gebissen und sie danach gezwungen, es zu essen.

Ob sie während der Folterungen ihre Macht über Leben und Tod genoss oder sexuelle Befriedigung suchte, ist nicht bekannt. Nach der Tat wurden die Opfer von der Mörderin in der Burg achtlos liegengelassen und von der Dienerschaft später auf den umliegenden Feldern „entsorgt".

Zu jener Zeit musste Elisabeth immer wieder ihren Ruf und ihr Vermögen gegen „besorgte" und wohl auch habgierige Nachbarn verteidigen, beispielsweise gegen den Grafen György Bánffy aus Transsilvanien. Ihm schrieb sie in einem Brief, dass er nicht glauben solle, dass sie eine hilflose Witwe sei, denn sie würde sich gegen ihn wehren „wie ein Mann".

Auch in ihrer Wiener Wohnung in der Augustinerstraße quälte die „Blutgräfin"
Elisabeth Báthory einige ihrer Opfer.

Im Jänner 1605 nahm die Gräfin Rache an den Kirchenvertretern in Deutschkreutz, und zwar mit einer harten Strafe wegen Nachgiebigkeit bei der Sanktionierung des Verbots zu fluchen sowie der unrechtmäßigen Verwendung von Spendengeldern.

Als Elisabeth kurz darauf begann, sich auch an adeligen Mädchen zu vergreifen, was mehrere Anzeigen bei Hofe nach sich zog, wurde sie im Dezember 1610 auf Burg Lockenhaus (im heutigen Burg-Restaurant) auf Befehl des ungarischen Königs Matthias II. verhaftet.

Kurz zuvor hatte Benedictus Bicsérdy, Kastellan von Burg Sárvár, die Gräfin schwer belastet. Er sagte aus, dass während seiner Zeit als Burgvogt 175 „Weibsbilder" tot aus dem Gemäuer getragen worden wären.

Die Untersuchung des aufsehenerregenden Falls wurde auf Veranlassung des Herrscherhauses von Graf György Thurzó persönlich durchgeführt. Nachdem man Elisabeths Diener unter Folter zur Aussage gezwungen hatte, machte man der Gräfin 1611 den Prozess. Infol-

15

ge der Ablehnung des Gnadengesuchs ihres zwölfjährigen Sohns Pál, verurteilte das Gericht Elisabeth aufgrund von über 300 Zeugenaussagen „nur" zu einer lebenslangen Kerkerstrafe. Graf György Thurzó befürchtete nämlich einen großen Aufruhr mit weitreichenden Folgen, wenn man eine Adelige hinrichtete – damals war es verpönt, über Aristokraten die Todesstrafe zu verhängen. Er äußerte, dass er es nicht zulassen konnte, dass diese „Bestie in Frauengestalt" den Ruf des verdienstvollen Ritters Ferenc Nádasdy beschmutzte. Am Tag der Verkündung las Graf György Thurzó mit lauter und vor Abscheu triefender Stimme das Urteil vor: „Du, Elisabeth, bist wie ein wildes Tier. Dir sei es nicht mehr vergönnt, die Luft dieser Erde zu atmen und Gottes Helligkeit zu sehen. Du sollst von dieser Welt verschwinden und nicht mehr zurückkehren. Die Schatten werden dich einhüllen und dein bestialisches Leben nie wieder freigeben."

Und so wurde die Gräfin im Turmzimmer ihrer Burg in Čachtice bei zugemauerten Fenstern eingesperrt, sodass die Gräfin niemals mehr das Tageslicht erblickte. Das Essen reichten ihr die Wächter durch eine Klappe in der Tür, durch die die Verurteilte weiterhin ihre Unschuld nach draußen schrie. An einem Tag im August 1614 fand einer der Männer die 54-Jährige um zwei Uhr nachts tot auf dem Boden liegend. Nur drei Wochen zuvor hatte sie ihr Testament aufgesetzt.

Elisabeth wurde in der Familienkrypta der Báthorys in der St.-Georgs-Kirche in Nyírbátor nahe der Grenze zu Rumänien beigesetzt. Ihr Skelett ist allerdings verschwunden, wie man bei der Sargöffnung im Jahr 1938 feststellte.

Gemeinsam mit der Gräfin verurteilt worden waren fünf ihrer Bediensteten, die an der Seite ihrer Herrin ihre eigenen sadistischen Neigungen ausgelebt hatten: Ilona Jó (Kindermädchen, Finger mit glühenden Zangen abgezwickt, danach bei lebendigem Leib auf dem Scheiterhaufen verbrannt), Dorottya Széntes (Kammerzofe, Finger mit glühenden Zangen abgezwickt, danach bei lebendigem Leib auf dem Scheiterhaufen verbrannt), Katalin Beneczky (Wäscherin, zu einer Gefängnisstrafe verurteilt, da sie nicht an den Ermordungen der jungen Frauen beteiligt war, sondern nur an der Beseitigung der Leichen) und der zwergwüchsige János Ujvári (Diener, geköpft, auf dem Scheiterhaufen verbrannt).

Bis heute hält sich das hartnäckige Gerücht, dass Elisabeth tatsächlich unschuldig gewesen sein könnte und hinter dem Vorgehen eine politische Intrige gesteckt habe, ausgehend vom mit den Báthorys verfeindeten Haus Habsburg. Gegen diese Hypothese sprechen allerdings die vielen Details, die glaubhaften Zeugenaussagen und ein von der Gräfin geführtes Tagebuch, in dem sie alle ihre Opfer mit Namen und Todestag auflistete.

Einer weiteren Legende zufolge hätte sich Elisabeth das Blut der ermordeten Frauen mehrmals täglich ins Gesicht gerieben, um ihrer blassen Haut eine rosige Farbe und mehr jugendliche Glätte zu verleihen. Manchmal heißt es sogar, die Gräfin wäre ein Vampir gewesen. Als „Beweis" dafür gilt der Umstand, dass es sich bei Elisabeth um die Großnichte von Vlad III. Drăculea handelte. Doch der Name Drăculea bedeutet nichts anderes als „Sohn des Drachen" (lateinisch „draco" = Drache) oder „Sohne des Teufels" (rumänisch „drac" = Teufel), und eben nicht „Sohn des Blutsaugers". Zweifellos war Vlad ein grausamer Kämpfer, der auch ein Blutvergießen in den Schlachten nicht scheute. Darüber hinaus hatte er eine Vorliebe fürs Pfählen seiner Feinde, weshalb er auch Vlad Țepeș („Vlad der Pfähler") genannt wurde – alles darüber hinaus ist die Erfindung des irischen Schriftstellers Bram Stoker.

Fakt ist, dass man die meisten von Elisabeths Opfern nahezu blutleer auffand, was sich jedoch darauf begründet, dass sie brutal zu Tode gemartert und dabei viele Stellen an ihren Körpern verletzt worden waren.

*

Der Geist der grausamen Gräfin spukt laut Zeugenaussagen in der um 1200 erbauten Burg Lockenhaus im Burgenland, in deren Mauern jedoch nicht nur unter ihrer Herrschaft entsetzliche Bluttaten geschahen.

Der Legende nach handelte es sich bei der Festung um eine Unterkunft der Tempelritter, die einst im Kapitelsaal (heute Rittersaal) vom Feind überrumpelt und in weniger als einer Stunde brutal niedergemetzelt wurden. Tief drang dabei das Blut der tapferen Männer in den Boden ein und blieb an einer Stelle des Raums bis heute sichtbar. Es heißt, alle Versuche, es zu beseitigen, scheiterten. Ehemalige Bewohner der Burg berichteten, als sie vor vielen Jahren den Fleck entfernen wollten, hätte plötzlich ein fürchterlicher Sturm zu brausen begonnen und leises Waffengeklirre und ein Ächzen und Röcheln seien zu hören gewesen. Es gibt auch eine Aussage, dass hin und wieder halbdurchsichtige Gestalten in Rüstungen durch die Burg schreiten und vor den Augen des Beobachters in den dicken Mauern verschwinden. Offenbar wollen die heimtückisch ermordeten Ritter von Zeit zu Zeit an das Massaker erinnern.

Aber auch der Geist von Elisabeth Báthory-Nádasdy wird in der burgenländischen Festung wahrgenommen, zumeist im Innenhof der Altburg. Dort soll sie mit vom Körper abgespreizten Armen langsam im Kreis gehen, während Blut von ihren Fingerspitzen tropft. Gesehen wurde das paranormale Phänomen bereits von mehreren Besuchern der Burg Lockenhaus.

Ebenfalls mehrfach gesichtet hat man die Gräfin im Hof ihrer Wiener Wohnung in der Augustinerstraße 12. Von dort aus haben die Diener junge Frauen mit dem Versprechen, eine gute Anstellung auf einer herrschaftlichen Burg zu erhalten, angelockt und später auf die Schlösser im In- und Ausland verteilt. Allerdings haben die Zofen und Pagen manchmal auch noch in der Stadt mit ihrer Herrin sadistische Handlungen an einigen Mädchen vollzogen, sodass nicht selten Nachbarn Steine gegen die Fenster der Wohnung und Blumentöpfe an die Mauern warfen und „Ruhe!" brüllten, als sie das laute Wehgeschrei hörten. Das zumindest sagte das Kindermädchen Ilona Jó während ihres Verhörs im Jahr 1611 aus.

Und vor dem Haus, in dem sich einst diese entsetzlichen Gräueltaten abspielten, geistert es ganz gewaltig – das zumindest behaupten einige Bewohner.

An den Ort des Spukgeschehens gerufen, hielt sich im November 2015 ein Medium in dem kleinen Innenhof auf und nahm telepathisch mit der Jenseitsexistenz der „Blutgräfin" Kontakt auf.

Elisabeth gab Auskunft darüber, dass sie nichts bereue, da sie ihr Handeln als Folge ihrer Erlebnisse als junges Mädchen empfand. Sie habe nicht nur bei der Ermordung ihrer Schwestern zusehen müssen, sondern sei von den Dienstboten ihrer Eltern brutal gezüchtigt und von Freunden der Familie durch sexuelle Handlungen gedemütigt und mehrfach missbraucht worden. Und, so rechtfertigte sie sich, derlei Ausschweifungen wären in Adelskreisen üblich gewesen, sie hätte lediglich ein wenig die

Kontrolle verloren und dadurch die Grenzen überschritten. Auf die Frage, warum sie derart brutal vorgegangen war, antwortete Elisabeth: „Weil ich mich nur dann gespürt habe." Darauf angesprochen, warum sie sich das Blut ihrer Opfer auf die Haut gerieben habe, antwortete sie empört: „Das sind lediglich die Worte meiner Ankläger und großer Dummköpfe!" Das Medium fragte nach, wie sie ihre Strafe empfunden habe. Die Gräfin antwortete: „Diese törichten Rächer dachten, sie könnten einen Körper töten, in dem noch nie wirklich Leben war. Ich bin immer schon kalt und tot gewesen, auch wenn mein Herz schlug, weil mich niemand um meiner Substanz willen liebte."

Anschließend erklärte Elisabeth noch, dass sie auf ewig in einer Zwischenwelt gefangen sei, weil ihr der Zutritt ins Reich der Toten verwehrt wurde. Danach entschwebte ihre Seele, um erst wieder ins Diesseits zurückzukehren, wenn sie gerufen wird – bewusst mit einer telepathischen Kontaktaufnahme oder unbewusst, wenn man an sie denkt und damit ihren Geist heraufbeschwört.

Ihre letzte Botschaft an die Lebenden lautete: „Ich sehe in euren Augen nur Angst, Abscheu und Unverständnis. Es gibt jedoch keinen tieferen Sinn, also suchet ihn nicht – ihr solltet ohne Glauben an eine höhere Daseinsberechtigung, Wiedergutmachung oder Vergebung in einem anderen Leben existieren, denn diese Hoffnung ist eine Illusion. Meine Hoffnung ist längst dahin, dass jemand mein bizarres Wesen versteht und erkennt, dass ich nur getan habe, was jeder gerne täte, aber zu feige dazu ist. Jeder hat einen inneren Kristall, der nur dann leuchtet, wenn der Mensch mit seinem Denken und Tun ganz bei sich ist – egal, was das für Konsequenzen hat. Denn besser, der Kristall leuchtet kurz, als nie."

Nach diesen Worten ist Elisabeth aus dem Geist des Mediums verschwunden. Hinterlassen – und für medial veranlagte Menschen angeblich auch hörbar – hat sie ein kehliges Lachen.

So hat der Richterspruch im Jahr 1611 letztlich doch nur für das irdische Leben der „Blutgräfin", die nach wie vor unter uns weilt, Wirksamkeit bewiesen: „Du sollst von dieser Welt verschwinden und nicht mehr zurückkehren. Die Schatten werden dich einhüllen und dein bestialisches Leben nie wieder freigeben."

Graf von Saint Germain (ca. 1710–1784)

Der Mann, der niemals starb

Der Graf von Saint Germain, von dem man bis heute nicht weiß, wie sein richtiger Name lautete, von wem er abstammte und wann genau er geboren wurde, gilt als eine der rätselhaftesten Persönlichkeiten der Geschichte. Der umtriebige Abenteurer verstand es meisterhaft, Erlebnisse aus längst vergangenen Zeiten so lebhaft zu schildern, als wäre er tatsächlich selbst dabei gewesen. So gelang es ihm ohne viel Mühe, die Menschen in seinem Umfeld zu täuschen und von sich einzunehmen, was ihm überall zum Eintritt in die höchsten Adelskreise verhalf. Er trat unter den verschiedensten Namen auf und war Abenteurer, Hochstapler, Alchemist und Diplomat.

Saint Germain hielt sich eine Zeit lang auch in Wien auf und ist nach seinem Tod als Geist in diese Stadt zurückgekehrt – oder lebt dort als Wiedergänger noch heute und treibt seinen Schabernack mit uns.

*

Der Mann, der niemals starb, wurde irgendwann zwischen 1696 und 1710 – wie er selbst behauptete – als Sohn des transsilvanischen Fürsten Ferenc II. Rákóczi – mit dem Namen Leopold Georg während einer Sonnenfinsternis geboren. Beweisen konnte er diese Abstammung allerdings nicht und seine „Familie" erkannte ihn auch nicht als Mitglied an.

Die höchstwahrscheinlich erfundene Vita lautete: Sein Vater plante einen Aufstand gegen die Habsburger und wollte zuvor seinen Sohn in Sicherheit bringen. Im Zuge dieses Unterfangens ließ er 1700 eine falsche Todesurkunde über den Knaben ausstellen und schickte ihn nach Florenz an den Hof des letzten Großherzogs, Gian Gastone de' Medici, wo man ihn gemeinsam mit dem Infanten Carlos von Spanien großzog. An der Hand eines wortkargen Begleiters sei er durch die finsteren Wälder Transsilvaniens geirrt, so beliebte der Abenteurer später zu schildern, nur mit einem Medaillon um sein Handgelenk gebunden, das die einzige Erinnerung an seine Eltern darstellte. Zuvor hatte er bei seiner Firmung den Namen San Germano (ital. Heiliger Bruder) angenommen, der später auf Vorschlag seines Ziehvaters in Saint Germain (nach dem alten Château Saint Germain-en-Laye bei Paris) geändert wurde.

Wahrscheinlicher ist, dass es sich bei Saint Germain um den Sohn der letzten spanischen Habsburgerkönigin, Maria Anna von Pfalz-Neuburg, und dem jüdischen Bankier und zugleich royalen Finanzminister Comte Adanero handelte. Oder um den Sprössling eines Steuereinnehmers aus San Germano. Oder um Daniel Wolf, Sohn eines jüdischen Arztes aus Straßburg.

Sicher ist, dass der geheimnisvolle Graf ein Hochstapler war, der als Gaukler, Wunderdoktor, Okkultist und Alchemist bekannt wurde. Er galt außerdem als Wahrsager, umtriebiger Abenteurer und gnadenloser Charmeur, um den sich bis heute zahlreiche – teilweise von ihm selbst in die Welt gesetzte – Legenden ranken. Beispielsweise wird er als Wiedergänger bezeichnet. Es handelt sich dabei im deutschen Sprachgebrauch um Verstorbene, die über mehrere Jahrhunderte hinweg als Spukerscheinungen weiterexistieren, dabei als „normale Menschen" wahrgenommen werden und sogar immer wieder auf bildhaften Zeitdokumenten wie Gemälden oder Fotos auftauchen.

Als Erster berichtete Earl Horace Walpole, ein adeliger Politiker und Schriftsteller aus Großbritannien, im Dezember 1745 über den Grafen von Saint Germain. In Briefen aus London an seinen Freund Horace Mann schrieb er: *Ich lernte auch den Grafen Saint Germain kennen, der sich schon seit zwei Jahren hier aufhält. Er will nicht verraten, wer er ist, aber ich bin sicher, St. Germain ist nicht sein richtiger Name. Der junge Mann singt zwar ganz gut und spielt wundervoll Violine, ist aber ziemlich verrückt und nicht gerade einfühlsam. Vermutlich hat er sich irgendwo in Mexiko erfolgreich verheiratet und ist mit den Juwelen seiner Frau geflüchtet. Jedenfalls weiß niemand etwas Genaues über ihn, nicht einmal der Prinz von Wales, der bereits unbändig neugierig auf diese kuriose Persönlichkeit ist. Was mich davon überzeugt hat, dass er kein nobler Gentleman sein kann, war seine Aussage, dass man ihn unter anderem als Spion angeheuert habe.*

Aber auch wenn Earl Horace Walpole die Sangeskunst des Grafen „ganz gut" fand, waren nicht alle gleichermaßen von Germains Talent überzeugt. So urteilten die Kritiker, nachdem Saint Germain im April 1745 am Londoner „Haymarket Theatre" (abgeleitet davon entstand sein Deckname „Marquise von Aymar", den er in Wien benutzte) an der Seite der Opernsängerin Giulia Frasi einige Arien geschmettert hatte, seine Stimme sei schwach und ausdruckslos. Bei dieser negativen Bewertung handelte es sich jedoch noch um das geringste seiner Probleme – bei Übergriffen auf die Katholiken wurden in London zahlreiche Verhaftungen durchgeführt und so landete auch der Graf, den die Exekutive aufgrund seines Namens für einen papistischen Ausländer hielt, für kurze Zeit im Gefängnis. Danach reiste er 1746 nach Wien, wo er während einer noblen Abendgesellschaft behauptete, 100 Jahre zuvor schon einmal in der österreichischen Hauptstadt gewesen zu sein. Er wurde daraufhin als menschliche Kuriosität in den höheren Kreisen Wiens herumgereicht und lernte dabei den französischen Kriegsminister Charles von Belle-Isle kennen, den er nicht nur mit seinem breitgefächerten Wissen und seiner Belesenheit in Erstaunen versetzte, sondern auch von einem lästigen gesundheitlichen Problem befreite. Der Marschall war daraufhin derart beeindruckt, dass er seine neue Bekanntschaft nach Paris einlud.

Zuvor erhielt Saint Germain 1747 angeblich von Maria Theresia den Geheimauftrag, Friedensgespräche mit dem Herzog von Cumberland auf dem Kriegsschauplatz in Flandern zu führen. Ein Jahr später wurde der Friede zu Aachen geschlossen. Als Dank für seine Dienste schenkte ihm die Kaiserin ihr Porträt und einen kostbaren Ring, verlieh ihm das Kaiserliche Kreuz und belehnte ihn mit dem Titel eines Reichsgrafen von Mailand. 1748 verließ Saint Germain Wien und seine Spur verlor sich vorübergehend.

In Paris traf er in der Zeit von 1756 bis 1760 bei einem gemeinsamen Essen im Hause der reichen, extravaganten Alchemistin Madame d'Urfé unter anderen auch auf Giacomo Casanova. Der hielt ihn nach einigen Recherchen für einen italienischen Geigenspieler namens Catalani und ließ sich von Zeitgenossen berichten, dass der junge Saint

Germain über eine hervorstechende *witzige und anmuthige Gabe der Unterhaltung* verfügte und bei Einladungen die Gäste mit kenntnisreichen und detailverliebten Erzählungen weit zurückliegender historischer Ereignisse, deren Zeuge er angeblich gewesen war, beeindruckte. So berichtete er etwa von Gesprächen mit Moses, Krösus, Perikles, Alexander dem Großen, Pontius Pilatus, Julius Cäsar, Christoph Kolumbus und vielen mehr. Er soll bei diesen Gelegenheiten weder gegessen noch getrunken haben, womit er geheimes Wissen von der menschlichen Physis suggerierte und damit noch mehr Spekulationen zu seiner Existenz nährte. Manchmal hat er sich dabei regelrecht inszeniert und tat, als müsste er seine Unsterblichkeit verschleiern. So sprach er beispielsweise: „Der König wendete sich zu mir …", verschluckte jedoch mit scheinbar fahriger Geste das „mir" und korrigierte eilig: „… zu dem Herzog so und so!"

Casanova schrieb über Saint Germain später in seinen Memoiren: *Er gab sich in jeder Hinsicht als Wunderknabe. Er wollte verblüffen und verblüffte auch tatsächlich. Er hatte eine entschiedene Art zu sprechen, die jedoch nicht missfiel, denn er war gelehrt, sprach fließend alle Sprachen, war sehr musikalisch, ein großer Kenner der Chemie, besaß angenehme Züge und verstand es, sich alle Frauen zu kirren.*

Zu Beginn des Jahres 1757 soll er Kaiserin Elisabeth von Russland über deren Haus-und-Hof-Medium die hellsichtige Nachricht zukommen haben lassen, dass sie in der Schlacht bei Groß-Jägersdorf gegen die Preußen unter König Friedrich II. siegreich sein würde – was sich Monate später als richtig herausstellte.

Wenig später wurde Madame Pompadour, die Mätresse des französischen Königs Ludwig XV., auf den Mann mit der dubiosen Herkunft und dem Methusalem-Komplex aufmerksam. Sie zeigte sich beeindruckt von den Geschichten aus längst vergangenen Zeiten, die der selbsternannte Wiedergänger in Italienisch, Deutsch, Spanisch, Portugiesisch, Französisch und Englisch vortragen konnte. Er gefiel außerdem, weil er so „bezaubernd auf dem Klavier präludierte und seinen Ölgemälden glänzende, fast lebendige Farben verlieh und die Geschmeide darauf wie echt glitzerten". Als er auch noch eine junge Freundin von Madame Pompadour ins Leben zurückholte, die kurz zuvor angeblich an einer Pilzvergiftung gestorben war, so die Legende, wurde er Seiner Majestät vorgestellt. Ludwig XV. ließ dem „Wundermann" flugs ein Alchemielabor in seinem prächtigen Schloss Chambord an der Loire einrichten, wo er ein Verfahren zur Fleckentfernung von Diamanten entwickeln sollte, um die Edelsteine damit doppelt so wertvoll zu machen. Tatsächlich experimentierte Saint Germain dort allerdings vorwiegend mit Methoden für die Textilfärberei. Jedoch, und das sei zu seiner Ehrenrettung gesagt, wandte der Graf bei den Ergebnissen keinerlei Tricks an, nur um dem König zu gefallen oder besser entlohnt zu werden. Ebenso machte er kein Geschäft mit seinem Wundermittel „Aqua benedetta", das bei Damen angeblich den Alterungsprozess stoppte und ihren welkenden Reizen entgegenwirkte, weshalb ihm die Frauenwelt umso mehr zu Füßen lag. Darüber hinaus stand der „Gesundheitsverlängerer", wie er ebenfalls häufig genannt wurde, den adeligen Französinnen mit diversen Schönheitstipps zur Seite.

Eine seiner weiblichen Verehrerinnen sagte einst: „Es ist nicht möglich, dass dieser berühmte Mann weniger als zweihundert Jahre zählt und dass er nicht von einer Geburt ist, die über alle gekrönten Häupter erhaben ist."

Folgende Anekdote stammt aus eben jener Zeit und wurde von Nicolle du Hausset, der Kammerfrau von Madame Pompadour, erzählt: „Am Königshof soll sich Saint Germain einmal gerühmt haben, dank eines Unsterblichkeitselixiers schon 2000 Jahre auf der Welt zu sein. Er bat seinen Kammerdiener, als sein Zeuge aufzutreten, dass er bereits zu Zeiten des Frankenkönigs Hugo Capets gelebt habe. Doch dieser brummte: ‚Ich kann mich dessen nicht erinnern. Herr Graf vergessen, dass ich erst seit 500 Jahren in Ihren Diensten stehe.' Und so hatte er augenblicklich das Überraschungsmoment auf seiner Seite."

Als Ludwig XV. Saint Germain während des Siebenjährigen Kriegs nach Den Haag schickte, offiziell, um im Dienste der Krone bei den holländischen Banken den Kredit für das Land zu sichern, inoffiziell, um als Friedensbotschafter Sondierungsgespräche mit den Briten zu führen, ordnete der ahnungslose französische Außenminister Étienne-François de Choiseul die Verhaftung des mutmaßlichen Überläufers an. *Der König wünscht*, schrieb er an den Gesandten in den Niederlanden, bei dem er den Grafen als „Abenteurer ersten Ranges" deklassiert, der „für den Rest seiner Tage in ein Kerkerloch gesperrt gehörte", *dass Sie [...] die Verhaftung dieses Burschen durchsetzen, damit er nach Frankreich überführt und bestraft wird.*

Da Ludwig XV. das Missverständnis nicht aufklärte, endete damit die Diplomatentätigkeit von Saint Germain so rasch, wie sie begonnen hatte. Er musste aus Frankreich fliehen und hielt sich in der Folge, da man ihn aus Furcht vor diplomatischen Verwicklungen in England nicht mehr haben wollte, als Graf Welldone vorwiegend in den Niederlanden und Deutschland auf.

Zwischendurch befand er sich Gerüchten zufolge auch in Russland, wo er eine tragende Rolle bei der Palastrevolution gespielt und sogar in die Ermordung Zar Peters III., die Katharina II. den Weg auf den Thron ebnete, verwickelt gewesen sein soll. Danach bereiste er Italien, kehrte jedoch spätestens 1763 in die Niederlande zurück. Dort erwarb er unter dem Namen Surmont ein Landgut nahe des Städtchens Nijmegen, richtete sich ein Laboratorium ein und gründete eine Textilmanufaktur. Einer seiner Sponsoren war Philipp Graf von Cobenzl (nach dem der Reisenberg in Wien Döbling umgangssprachlich benannt ist), ein enger Vertrauter des österreichischen Kaiserhauses und angesehener Staatsmann. Dieser gruselte sich stets ein wenig vor dem mysteriösen Fremden, der weder Herkunft noch Alter verriet und stets nur zu später Nachtstunde kam, um die gemeinsamen Geschäfte zu besprechen. Dennoch war er vom Können seines Gegenübers überzeugt und witterte ein gutes Geschäft. Zurück in Wien sprach Cobenzl bei Maria Theresias Minister, Fürst Wenzel Anton von Kaunitz, vor und lobte den Grafen: „In einem zahlreichen Bekanntenkreis hat er vor meinen Augen einige Versuche gemacht [...]. Die Wesentlichsten bestehen in der Verwandlung von Eisen in ein Metall, das ebenso schön ist wie Gold [...], ferner in der Färbung und Bearbeitung von Leder in einer solchen Vollkommenheit, dass es alle Maroquins der Welt [...] übertrifft. Auch die Seiden- und Wollfärberei hat er zu einer bisher unbekannten Vollendung gebracht."

Kaunitz beurteilte die Farb- und Textilproben von Saint Germain jedoch als minderwertig, ohne jede Leuchtkraft und Novität, weshalb der Graf beleidigt stehenden Fußes seine Koffer packte und wieder aus den Niederlanden verschwand, wo er nichts zurückließ außer Schulden.

Der Habsburger Joseph II. soll, als er 1765 zum Mitregenten seiner Mutter Maria Theresia ernannt wurde, Saint Germain sogar verboten haben, in Wien zu erscheinen „und seine Schwindeleien einzuführen". Dennoch sprach man auf den Straßen der Stadt von dem „Zauberkünstler", dessen Ruf längst europaweit bekannt war.

Nach seiner raschen Abreise aus den Niederlanden verlor sich Saint Germains Spur, bis er 1774 mit dem Namen Tsarogy wieder in Deutschland auftauchte und sich auf Schloss Triesdorf niederließ, wo er dank seines neuen Gönners, Markgraf Karl Alexander von Brandenburg-Ansbach, wieder mit Farbstoffen zu experimentieren beginnen konnte.

1778 freundete sich Saint Germain mit dem Statthalter des dänischen Königs in Schleswig, Landgraf Karl von Hessen-Kassel, an, der ihm im Freimaurerturm seines Sommerschlosses in Louisenlund ein Alchemielabor einrichtete. In dieser Zeit erfand der Graf ein gelbes Metall, genannt Similor (simil or = goldähnlich), auch als Karlsmetall bekannt. Darüber hinaus wandte er beim Malen von Bildern eine neuartige Farbmischtechnik an, mit der er sich die Bewunderung anderer Künstler sicherte. Die beiden Männer gründeten darüber hinaus in einer leerstehenden Fabrik in Eckernförde eine Seidenfärberei. In diesem Städtchen verstarb der Graf von Saint Germain, aufgrund seines Aufenthalts in den feuchten Arbeitsräumen bereits vom Rheuma geplagt, schließlich im Februar 1784 „am Schlagflusse", wie es heißt.

Der rätselhafte und im Alter verarmte Graf wurde in Eckernförde in der Kirche St. Nicolai bestattet, die Kosten dafür übernahm Karl von Hessen-Kassel, der als Gegenleistung die schriftlichen Hinterlassenschaften seines Alchimisten erhielt und diese vernichtete. Der Grabstein des Abenteurers fiel später einer Sturmflut zum Opfer – ein weiterer „Beweis" für alle Verschwörungstheoretiker, dass ein Scheinbegräbnis stattgefunden hatte und der Mann gar nicht verstorben, sondern nur vorübergehend verschwunden war, um später woanders wieder aufzutauchen.

Es existieren verschiedenste Zeitdokumente, welche die Existenz des Abenteurers bis ins Jahr 1792 zu beweisen scheinen. So ist etwa in den schriftlichen Aufzeichnungen des Theaterdirektors Christoph Friedrich Dörr zu lesen, dass sich Karl von Hessen-Kassel in Begleitung des Grafen G. eine Aufführung von Wolfgang Amadeus Mozarts Oper „Die Zauberflöte" im Garten von Louisenlund angesehen hatte. Im Umfeld des Landgrafen gab es aber keinen Grafen G. – außer eben den 1784 verstorbenen Saint Germain. „Die Zauberflöte" kam allerdings erst im Jahr 1791 auf die Bühne.

Schon davor wurde er angeblich 1785 auf Freimaurerkongressen in Wilhelmsbad und Paris gesehen. Etwa zur selben Zeit soll er Marie Antoinette vor den Folgen der Französischen Revolution gewarnt haben. In ihren Tagebüchern las man später, dass sie es bereute, nicht auf „den Hellseher St. Germain" gehört zu haben.

1789 besuchte er seine liebe Freundin Mademoiselle d'Adhémar, wie sie selbst erzählte. Er sagte ihr, sie würden einander noch fünf Mal vor ihrem Ableben treffen. Der Graf hielt sein Versprechen, wie die Französin 1821 ihrem Tagebuch anvertraute – zuletzt sah sie ihn am Abend vor der Ermordung von Charles Ferdinand d'Artois, dem Duke de Berry, im Jahr 1820 in der Pariser Oper.

Und 1836 erwies er laut Augenzeugen seinem Freund und Gönner Karl von Hessen-Kassel bei dessen Begräbnis in der Schleswiger Domkirche die letzte Ehre.

Mitte des 19. Jahrhunderts ließ Napoleon III., ein Neffe Napoleon I. Bonapartes, ein umfangreiches Dossier über den Grafen – den er selbst kennengelernt hatte, wie er sagte – erstellen, das 1871 bei einem Brand im Pariser Rathaus vernichtet wurde.

Aus dem Jahr 1897 existiert eine Autogrammkarte der berühmten französischen Sängerin Emma Calvé, die sie für den vermeintlichen Wiedergänger signierte – sinngemäß übersetzt lautet die Widmung: *Für Saint Germain, dem großen Chiromanten, der mir viele Wahrheiten gesagt hat.*

Aber auch schon früher als zu seinen „Leb"-Zeiten tauchte der Abenteurer auf. So hat beispielsweise ein Landsknecht 1618 seine Gedanken zur Begegnung mit einem gewissen Montsalveri in seinem Tagebuch notiert. Der Mann begegnete ihm im Wirtshaus und sagte von sich, er sei ein „Televisionär" – ein Wort, das es im 17. Jahrhundert noch gar nicht gab. Darüber hinaus hatte dieser „Zauberer" mit einem „Spänlein" auf Pergament geschrieben, ohne dieses zuvor in Tinte getaucht zu haben.

Die Legende von Saint Germains ewigem Leben hatte sich damals jedenfalls so glaubhaft in den Köpfen der Menschen festgesetzt, dass ihn Chronisten bis weit ins 19. Jahrhundert hinein auf Bildern und später Fotos zu sehen meinten.

Zuletzt behauptete 1972 der etwa 25-jährige Pariser Maler und Sänger Richard Chanfray, der Graf von Saint Germain zu sein, und verwandelte im französischen Fernsehen vor laufender Kamera auf einem kleinen Campingkocher eine kleine Menge Blei in Gold – danach verschwand er von der Bildfläche und beging 1983 in Saint-Tropez Selbstmord.

Der Mythos des Zeitreisenden ist ursprünglich ganz geschickt von dem Abenteurer selbst in die Welt gesetzt worden, erhielt aber laufend weitere Nahrung, unter anderen von François-Marie Arouet, genannt Voltaire. Der Schriftsteller und Philosoph nannte Saint Germain in einem Brief an den Preußenkönig Friedrich II. im April 1760 „einen Mann, der niemals stirbt und alles weiß". Diese Bemerkung jedoch bezog sich auf das Verhalten des geheimnisvollen Grafen und war eher scherzhaft gemeint. Was Voltaire im Gegensatz dazu nicht wusste: Saint Germain wurde zu jener Zeit von Friedrich dem Großen, der sich grün und blau ärgerte, weil er den geheimnisvollen Fremden nicht enträtseln konnte, als „unsichtbarer" Kurier und Spion eingesetzt.

Später stand der französische Dichter jedoch mit Saint Germain in engem Briefkontakt. Am 6. Juni 1761 sandte er ihm unter anderem folgende Zeilen: *Die sprechenden Bilder sind ein Geschenk für die mir noch verbleibende Zeit, darüber hinaus könnte doch Euer wunderbares mechanisches Fluggerät Euch zu mir zurückführen. Adieu, mein Freund, Voltaire, Edelmann des Königs.*

Aufgrund seines geheimnisvollen Auftretens und der nicht aufdeckbaren Herkunft spielte Saint Germain auch eine bedeutende Rolle als vermeintlicher Freimaurer, Rosenkreuzer und Magier. Für Rudolf Steiner, österreichischer Publizist, Esoteriker und Gründer der Anthroposophie, stellt er gar die Wiedergeburt des hohen Eingeweihten Christian Rosenkreutz dar.

Einige „Eingeweihte" behaupteten, der Wiedergänger lege sich zwischendurch mehrere Jahrzehnte schlafen, um danach ausgeruht neuerlich eine Zeit lang sein Unwesen treiben zu können. Zweifler wiederum glaubten zu wissen, er habe seine Opfer mittels Bauchreden amüsiert, danach mit Hypnose in die Irre geführt beziehungsweise gefügig gemacht und im Anschluss Geld für seine zweifelhaften Experimente abkassiert.

Auffallend an Saint Germain war jedenfalls, dass er laut historischen Aufzeichnungen über ein fast unmenschliches Gedächtnis verfügte – er soll mehrmals vor Publikum demonstriert haben, dass er eine Zeitung nach nur einmaligem Durchlesen Seite für Seite und Wort für Wort wiedergeben konnte. In diesem Zusammenhang erzählte der Graf selbst gerne die Geschichte, wie er im Jahr 1574 in Krakau am Hof des französischen Königs Heinrich III. alle Anwesenden verblüffte, als er sich die Reihenfolge von 3200 Spielkarten merkte.

Neben seiner Herkunft konnte auch der Ursprung seines Reichtums nie erforscht werden – immerhin besaß der Mann in jüngeren Jahren abgesehen von dem Geld seiner Sponsoren wertvolle Juwelen sowie eine umfassende Sammlung historischer Bücher und Gemälde. Zeitgenossen beschrieben sein „apfelgrünes Kleid, an welchem er Diamantknöpfe trug, von welchen jeder 1000 Louisdor wert war, die Rubine, die seine Spitzenmanschetten hielten, eine diamantene Hutschnur und smaragdene Schuhschnallen".

Erstaunlich ist außerdem, dass der Abenteurer als Frauenliebling galt, aber nie etwas über nähere Bekanntschaften zu Damen bekannt wurde.

Als eines seiner größten taktischen Manöver kann angesehen werden, dass er sich nie auf die Massen einließ, die einen Scharlatan rasch zu Fall bringen können, sondern immer nur auf einen kleinen Kreis von Menschen, die sich auserwählt fühlten, von dem charmanten Plauderer beachtet zu werden.

Ein weiteres Geheimnis um den Grafen von Saint Germain bestand darin, stets auszusehen wie Mitte bis Ende 40 und scheinbar nicht zu altern – womit er Zeit seines Lebens gern kokettierte. Er selbst erklärte dieses Phänomen mit seiner asketischen Lebensweise und dem Genuss eines leicht „purgierend" (= abführend) wirkenden Getränks aus überbrühten Sennesblättern, Weinstein, Fliedertee, Fenchel und Anis sowie einer mysteriösen Zutat, die er nur wenigen Leuten verriet. In Deutschland und Österreich (etwa in Wien um 1845 in der

„Edlen von Würth'schen Apotheke", Innenstadt, Singerstraße 15) war dieses Gemisch bis weit in das 19. Jahrhundert als „Saint-Germain-Tee" bekannt und erhältlich. Es hieß damals, dass die Abschriften des Originals in einigen hohen Familien Berlins und Wiens als kostbares Geheimnis gehütet wurden. Im „Niederösterreichischen Grenzboten" vom 21. September 1924 wurde Saint Germain in diesem Zusammenhang von dem Schreiber Julius Schinagl folgendermaßen charakterisiert: *Der glückliche Erfinder dieses „Blutreinigungs"-Tees, dem er selbst seine Gesundheit und Langlebigkeit zuschrieb, war gewiß kein Betrüger und Schwindler, sondern vielmehr ein ganz gewöhnlicher Schmarotzer, der es sich den Häusern und an den Tafeln der hohen Aristokraten „gut gehen" ließ, artige Erlebnisse aus längst vergangenen Zeiten, die er wohl irgendwo gelesen hatte, so erzählte, als ob er selbst dabei gewesen wäre, und der vornehmen Gesellschaft die Langeweile vertrieb, indem er magnetische und sonstige artige Kunststückchen zum besten gab. Also der Graf von St. Germain war nichts anderes als ein Taschenspieler, ein Gaukler, aber einer von der feinsten Sorte für die vornehme „noble" Welt.*

Und ein anonymer Schreiber verfasste fast 100 Jahre zuvor folgende verständnisheischenden Worte in der „Wiener Zeitschrift" vom 28. August 1830: *Wenn der berüchtigte Graf St. Germain als Augenzeuge bey Ereignissen gewesen seyn wollte, die vor Jahrhunderten vorgefallen, so sah man ihm dergleichen Behauptungen nach, denn sie gehörten zu der Rolle oder dem Gewerbe, das er sich einmal erwählt hatte; wenn aber Andere, die zu solcher Nachsicht keineswegs berechtigt sind, ähnliche Sonderbarkeiten vorbringen, so darf man ihre Anachronismen wohl einen unzeitigen Scherz nennen.*

*

Von 1746 bis 1748 weilte der Graf von Saint Germain in Wien und hielt sich dabei, vermutlich auf Einladung, in den verschiedensten Palais seiner Gastgeber und Gönner auf. Fand er gerade keinen Unterschlupf, logierte er im „Wilden Mann" in der Kärntnerstraße Nr. 941 (heute Hausnummer 17). Es handelte sich dabei jedoch nicht im Geringsten um einen gediegenen Gasthof mit Anspruch auf dezente Noblesse, sondern vielmehr kehrten dort die Grazer Landkutscher und Villacher Fuhrleu-

te ein, die durch Lautstärke, derben Humor und skurrile Geschichten, die sie zu berichten hatten, auffielen. Später stieg Ludwig van Beethoven mehrmals hier ab und erfreute sich an der Spezialität des Hauses, dem Lungenstrudel.

Vor der Absteige befand sich bis 1846 die Haltestelle der „Badener Stellwagen", zwölfsitzige Fuhrwerke, die zwischen Wien und der Kurstadt Baden im Süden der Hauptstadt verkehrten.

Bei späteren Kurzvisiten in Wien weilte Saint Germain im „Laszla-Haus" am Lugeck Nr. 768 (heute Neubau aus dem Jahr 1847 mit der Hausnummer 7), auch „Federlhof" genannt. Dort war er wegen seiner interessanten Schilderungen des Landes und seiner „modernen" Aussprache auch bekannt als „der Amerikaner". In diesem Gebäude wohnte im 16. Jahrhundert der Arzt, Alchemist und Mystiker Paracelsus, im 18. Jahrhundert der Gelehrte Gottfried Wilhelm Leibniz. In der Einfahrt des Gebäudes befinden sich Reste eines Renaissanceportals aus dem 15. Jahrhundert.

Vor beiden ehemaligen Logierbetrieben soll der legendäre Graf als geisterhafte Gestalt präsent sein, jedoch ist nicht gewiss, ob es sich bei der menschenähnlichen Erscheinung nicht vielleicht doch um den Wiedergänger „in Fleisch und Blut" handelt. Zu sehen sei, so berichten sowohl Wiener wie auch hin und wieder Touristen, ein hagerer, vom Alter her schwer zu schätzender Mann mit fahler Gesichtsfarbe, eingefallenen Wangen und dunklen Schatten unter den Augen, der reglos vor den Häusern steht und an ihnen emporblickt. Der Mann, so die Spukzeugen, trägt einen hellblauen Anzug mit funkelnden Einfassungen an den Säumen, einen farblich passenden, hohen Hut und schwarze, auf Hochglanz polierte Lackschuhe. Im Nackenbereich sind ein paar dünne, weißblonde oder graue Haare zu sehen, die unter der Kopfbedeckung hervorragen. Sobald man ihn etwas länger als üblich anschaut, nickt er höflich, dreht sich um und spaziert davon.

Doch das ist nicht die einzige Erscheinung, von der im Zusammenhang mit dem mysteriösen Abenteurer berichtet wird.

Aus der Mitte des 19. Jahrhunderts ist ein Vorfall überliefert, in dem der Graf dem Autor Ritter Heinrich von Levitschnigg begegnete (nachzulesen in dem Buch „Wien wie es war und ist"). Zumindest soll es so gewesen sein, obwohl der Graf von Saint Germain zu jener Zeit schon rund 70 Jahre lang tot war.

31

Der „Rätselhafte" stand im alten Burgtheater am Michaelerplatz neben ihm und fragte ihn wie nebenbei nach einem gewissen Maximilian Korn, einem damals bereits längst verstorbenen brillanten Schauspieler, der „sich im Salonkostüme wie in Uniform, als bürgerlicher Dandy wie als Chevalier mit gleicher Ungezwungenheit und Natürlichkeit zu bewegen wusste". Und das, nachdem dieser einem anderen Akteur bewundernden Beifall gezollt hatte. Dem Autor dieses Erlebnisses wurde damit die Freude am Stück genommen und er verließ die Vorstellung mit den Worten „Verdammter Theaterverbitterer".

Dabei blieb es aber nicht, denn Ritter Heinrich von Levitschnigg traf den Fremden noch häufiger an diversen Spielstätten, und immer wieder nahm er ihm mit Erinnerungen an unvergessene Stars die Freude am aktuellen Stück oder Tanz. Das letzte Mal lief er ihm im Zirkus Renz über den Weg, und der Autor dachte: Nun hier kann der Störenfried keinen Spuk treiben! Doch er hatte sich geirrt. Der Graf von Saint Germain besah sich die Darbietung der Akteure, die ihre Pferde durch Reifen springen ließen und andere Kunststücke vollbrachten, und murmelte danach: „Kinderspiel, Narrenpossen. Nachkommen der alten Zentauren findet man nur im wirklichen Leben. Denken Sie nur an eine englische Steeple chase (= halsbrecherisches Pferderennen) oder an die Künste des ungarischen Grafen Moritz Sándor, der seine Rösser über Bäche von 22 Fuß springen und über steile Treppen hinabfetzen lässt." Die Lust an der Vorstellung war schlagartig verflogen, da laut Levitschnigg die „Wirklichkeit die Kunst beschämte".

Bis heute ist der „Theaterverbitterer" zur Stelle, um mit seiner harschen Kritik vor allem Bühnenstücke an diversen Spielstätten Wiens zu entglorifizieren und den Zusehern damit Ernüchterung zu bescheren. Es handelt sich dabei offenbar um einen etwa 50-jährigen Mann in zeitgemäßer, wenn auch etwas schäbig wirkender Kleidung, der ein altmodisches Hochdeutsch spricht und sich seinem Gegenüber mit dem Namen „Herr German" vorstellt. Er redet ausschließlich über die Kunst, weicht allen anderen Fragen aus und verabschiedet sich mit einer kleinen Verbeugung nach spätestens zehn Minuten Plauderei – so wird es jedenfalls berichtet.

Giacomo Casanova (1725–1798)

Charmeoffensive mit gespenstischen Folgen

Der venezianische Schriftsteller Giacomo Casanova wurde vor allem durch die Schilderungen seiner zahlreichen amourösen Abenteuer berühmt. Er gilt als einer der größten Schürzenjäger der Geschichte und wurde aufgrund seines Einfühlungsvermögens in die weibliche Psyche – in Kombination mit angeblich hervorragenden Kenntnissen der fraulichen Bedürfnisse im Bett – häufig auch als „bester Liebhaber aller Zeiten" bezeichnet. Der „Weiberer" hielt sich mehrmals in Wien auf und besuchte dort besonders gerne die Huren am Spittelberg, da er auch auf Reisen sein liebstes Hobby nicht zu vernachlässigen pflegte. Sein promiskuitives Verhalten trug ihm im Jahr 1767 schließlich den Stadtverweis von Maria Theresia ein, an der sein Charme wirkungslos abprallte und bei der seine maskuline Anziehungskraft versagte. Der Gentleman-Aufreißer dürfte diese Niederlage nie ganz verkraftet haben und kehrt seither hin und wieder aus dem Reich der Toten nach Wien zurück.

*

Giacomo – Schriftsteller, Abenteurer, Lebenskünstler, Doktor beider Rechte, Lotterie-Einnehmer, Kuppler, Falschspieler, Hochstapler, Ritter des päpstlichen Ordens vom Goldenen Sporn, Geheimagent und von seinen Bewunderern häufig als „amüsantester Filou seines Jahrhunderts" bezeichnet, wurde als ältestes von sechs Geschwistern beziehungsweise Halbgeschwistern in Venedig geboren und dort von seiner Großmutter aufgezogen. Sein mutmaßlicher Vater, Gaetano Giuseppe Giacomo, hatte seine Mutter Giovanna entführt und gegen den Willen ihrer Eltern geheiratet.

Als Kind litt er an zahlreichen, damals zum Teil lebensbedrohenden Krankheiten, deren Überwindung den zähen Überlebenswillen und Kampfgeist des später recht waghalsigen Draufgängers erklären. Giacomo Casanova (was übersetzt übrigens „Jakob Neubau" heißt), der sich ab seinem 35. Lebensjahr Chevalier de Seingalt nannte, verfügte bereits als junger Mann über ein gewinnendes Wesen und weltmännisches Auftreten, und schon bald lagen ihm die Frauen in Scharen zu Füßen.

Nach einem erfolgreichen Studium der Rechtswissenschaften schlug er seiner Großmutter zuliebe eine kirchliche Laufbahn ein, die er jedoch 1741 wieder beenden musste, da er in der Kirche San Samuele in Venedig während einer Predigt betrunken von der Kanzel fiel. Froh, einer Karriere als Gottesdiener und dem damit verbundenen zölibatären Dasein entgangen zu sein, reiste er daraufhin nach Rom – vermutlich auch, um den vorwurfsvollen Blicken seiner Großmutter zu entfliehen. Während seines Aufenthalts in der italienischen Hauptstadt lernte er Papst Benedikt XIV. kennen. Kurz darauf wurde er in eine Liebesaffäre verwickelt, woraufhin ihn das Oberhaupt der Katholiken des Landes verwies. Da half auch sein Wissen um „ungehörige Zustände" im Umkreis seiner Heiligkeit nicht, hatte er doch zuvor den deutschen Antiquar Johann Joachim Winckelmann in einer Sakristei in Rom mit einem Knaben erwischt, „der in aller Eile seine Hosen in Ordnung brachte".

In den Jahren darauf befand sich Casanova häufig auf Reisen, unter anderem kam er 1753 erstmals auch nach Wien. Zuvor hatte er sich noch schnell in den Freiherrenstand erheben lassen, um in den feineren Kreisen der noblen Donaumetropole besser gestellt zu sein. Er besuchte zahlreiche einschlägige Lokale und Freudenhäuser am Spittelberg und genoss dort die Gesellschaft der holden Weiblichkeit im Übermaß, was ihm eine Rüge von offizieller Seite eintrug.

Dieser Stadtteil im 7. Wiener Gemeindebezirk (Neubau) hatte vom 18. bis Mitte des 20. Jahrhunderts einen sehr zweifelhaften Ruf – es handelte sich um das Zentrum der Gaukler und Spielleute sowie um eine Hochburg der Prostitution. Zusätzlich breiteten sich aufgrund der dichten Bebauung in dem Viertel Krankheiten rascher als überall sonst in Wien aus.

Die Prostituierten schlossen sich damals zu „Arbeitsgemeinschaften" zusammen: Die hübscheste machte an einer Straßenecke unauf-

*Hielt er sich in Wien auf, stieg Giacomo Casanova gerne im
Gasthof „Zum roten Ochsen" ab.*

fällig einem Freier schöne Augen, eine andere brachte den Interessierten in ihre Wohnung, wo der zahlungswillige Galan selten die attraktive Dame von der Straße vorfand, sondern ihre meist optisch weniger ansprechende Kollegin.

Zur Zeit Casanovas gab es am Spittelberg rund 50 „Wirtshäuser", wobei es sich um als Trinklokale getarnte Bordelle handelte – am bekanntesten waren die „Hollerstaude" und das „Löberl" (heute Gasthaus „Witwe Bolte"). Aus dem „Löberl" soll der doppelmoralische Kaiser Joseph II., der zu Beginn seiner Amtszeit viele „Hübschlerinnen" an den Pranger stellen ließ, einmal höchstpersönlich unsanft hinausbefördert worden sein, weil er der Dirne „post coitum" ihren Lohn nicht hatte bezahlen wollen. Daran erinnert heute noch folgender Spruch über der Tür: *Durch dieses Tor im Bogen ist Kaiser Josef geflogen.*

Auch Josefine Mutzenbacher, so es sich bei dieser Dame tatsächlich um eine reale Person gehandelt hat, dürfte am Spittelberg ihre Freier bedient haben.

Kaiserin Maria Theresia, religiös geprägt vom Barock-Katholizismus, hatte zur Bekämpfung der Unsittlichkeit 1752 eine Keuschheitskommission gegründet und exekutierte jede Zuwiderhandlung – da machte sie auch beim „besten Liebhaber aller Zeiten" keine Ausnahme. Bevor Casanova Wien nach dem Rüffel der damals 36-jährigen Monarchin verließ, wurde er noch mehrmals in weiblicher Begleitung im Spielsalon „Zum roten Krebs" (Hoher Markt 12) gesehen.

In der Folgezeit arbeitete der Abenteurer in den Städten, in denen er sich aufhielt, als Hauslehrer, Fähnrich, Musiker, Dichter und Claqueur (= Einklatscher). Zwischendurch wurde er immer wieder verhaftet, etwa wegen Erbstreitigkeiten und Betrug. Danach geriet er aufgrund von „Schmähungen gegen die heilige Religion", dem Besitz verbotener Bücher und verbotener Kontakte zu Ausländern und Freimaurern ins Visier der venezianischen Staatsinquisition, was dazu führte, dass man ihn im Juli 1755 festnahm. 15 Monate später gelang dem Eingekerkerten die abenteuerliche Flucht aus den „Bleikammern" des Dogenpalasts in Venedig, einem Hochsicherheitsgefängnis für politische Gefangene. Diesen Ausbruch, der allgemeine Aufmerksamkeit in Land erregte, hat Casanova später literarisch zu einem Roman verarbeitet, der noch zu seinen Lebzeiten auch ins Deutsche übersetzt wurde.

In der Zeit danach reiste der Glücksritter quer durch Europa, wo er überall als gern gesehener Gast in den Kreisen der „besseren Gesellschaft" verkehrte und auf die feudalsten Events der Aristokratie eingeladen wurde.

In England verliebte sich Casanova bis über beide Ohren in die 18-jährige Marie Charpillon, die ihn allerdings verschmähte, was den zu diesem Zeitpunkt bereits fast 40-jährigen Mann beinahe in den Selbstmord trieb. In Deutschland bat er König Friedrich II. um eine Anstellung als Kadetten-Erzieher, doch der Monarch erteilte ihm eine Abfuhr. Dafür sagte er im Park von Sanssouci zu ihm: „Sie sind ein sehr schöner Mann!" Mit einer Größe von 1,87 Metern überragte Casanova die Majestät beträchtlich, trotz dessen leicht toupierter gepuderter Perücke. Als er auch in Russland bei Kaiserin Katharina II. vergeblich vorsprach, reiste er nach Polen, um in diesem Land in die Dienste des Regenten zu treten.

1766 lieferte er sich dort mit einem Grafen ein Pistolenduell, nachdem die beiden bei ihrem Werben um eine Sängerin in Streit geraten waren. Casanova wurde schwer verwundet und musste Polen danach verlassen. Wieder genesen, fuhr er ein weiteres Mal nach Wien, wo er im Haus Seilergasse 16 abstieg und sich neuerlich am Spittelberg vergnügte. Es heißt, er könnte damals auch als Geheimagent der Republik Venedig gespitzelt haben.

Wenige Tage nach Casanovas Ankunft in Wien traf auch die Gräfin Blasin ein, eine Edelprostituierte, die den Schürzenjäger bereits über längere Zeit auf seinen Reisen begleitet hatte. Mit ihr machte er tagelang zwei Zimmer im Gasthof „Zum roten Ochsen", der sich in der Florianigasse Nr. 29 (heute ein 1880 erbautes Wohnhaus) befand, unsicher. Zwischendurch besichtigten die beiden die Stadt, am liebsten aus dem Fiaker heraus, wobei Casanova dem Kutscher beim Einsteigen jedes Mal „Porzellanfuhre" zuflüsterte, wie es die Herren in Begleitung einer käuflichen Dame damals taten. Das bedeutete, dass sich der Chauffeur nicht umdrehen durfte und das spärlich gefederte Gefährt so sanft durch die Straßen zu bewegen hatte, als würde er eine Ladung kostbares Porzellan befördern – Fiaker dienten damals nämlich nicht nur als Transportmittel, sondern auch als fahrende Stundenhotels.

Casanova schrieb über seinen damaligen Aufenthalt mit der Gräfin später in seinen Memoiren:

[...] da aber das Wetter schlecht war, so fuhren wir gleich nachher nach Hause und brachten den ganzen Tag damit zu, vor einem guten Feuer bei gutem Essen und Trinken es uns wohl sein zu lassen.

Um acht Uhr abends kam der Wirt und sagte sehr höflich zu ihr, er habe Befehl erhalten, ihr ein Zimmer anzuweisen, das nicht an das meinige anstoße, und er sei gezwungen, zu gehorchen.

Trotz der schikanösesten Polizei, die die bigotteste Tyrannei hat ersinnen können, verbrachten wir in innigster Vertraulichkeit die vier Tage und Nächte, die die reizende Frau sich noch in Wien aufhielt. Als sie abreiste, wollte ich sie zur Annahme von fünfzig Louis bewegen; sie nahm aber nur dreißig, da sie sich ausgerechnet hatte, daß sie bei der Ankunft in Montpellier noch Gold in ihrer Börse haben würde. Wir schieden tiefgerührt voneinander, und sie schrieb mir von Straßburg aus. Bei meiner Durchreise durch Montpellier werden wir sie wiederfinden.

Sein liederliches und schamloses Verhalten in Wien trug Casanova 1767 letztlich den Stadtverweis seitens der Kaiserin Maria Theresia ein. Sie gab allerdings „Wildpinkeln" und verbotenes Glücksspiel als Grund für den Hinauswurf an, um sich gegen ihre Gegner, die der Herrscherin Doppelmoral nachsagten, abzusichern.

Casanova notierte: *Infolge der Frömmelei der Kaiserin war es schwer, sich Freuden zu verschaffen. Eine Legion erbärmlicher Spitzel, die man Keuschheitskommissare nannte, waren die unerbittlichen Quälgeister aller hübschen Mädchen; die Kaiserin hatte alle Tugenden, nicht aber die Duldsamkeit, wenn es sich um unerlaubte Liebe zwischen Mann und Frau handelte.*

An Maria Theresia richtete er brieflich folgende Worte und die Bitte, noch ein paar Tage in Wien bleiben zu dürfen:

Ich bin überzeugt, dass Eure Majestät, wenn ein Insekt mit kläglicher Stimme riefe, dass Sie es zu zertreten drohen, den Fuss ein klein wenig zur Seite setzen würden. Ich bin das Insekt, Madame, das die Bitte wagt, Sie mögen dem Herrn Statthalter befehlen, er solle noch acht Tage warten, bevor er mich mit dem Pantoffel Eurer Majestät zertritt.

Sein Wunsch wurde Casanova trotz aller der Regentin gegenüber aufgebrachten Galanterie nicht erfüllt, Maria Theresia blieb hart – sie war wohl eines der wenigen weiblichen Wesen im Leben des „weltgrößten Liebhabers", das immun gegen seinen Charme war. Den Abenteurer traf es hart, dass er die Kaiserin nicht bezirzen konnte, und das, nachdem er sich in der österreichischen Hauptstadt mit Feuereifer für mehr „Sicherheit im Verkehr" eingesetzt und das Kondom beworben hatte. Die „English Overcoats" aus Tierhäuten sollten gegen die „Lustseuche" Syphilis schützen, die für den Tod zahlreicher Menschen zwischen dem 15. und 18. Jahrhundert verantwortlich war. Verlief die Krankheit nicht überhaupt tödlich, verloren Betroffene häufig ihre Nasen, Ohren und Augenlider und mussten auf Prothesen aus Wachs zurückgreifen. Casanovas flammende Empfehlungsreden für das neue Verhütungsmittel, das einem sündigen Treiben noch mehr Tür und Tor öffnete, dürfte Maria Theresia allerdings noch stärker gegen ihn aufgebracht haben.

Fürst Wenzel Anton von Kaunitz, seines Zeichens Reichshofrat im Kaiserhaus, verschaffte Casanova durch eine Intervention bei der Kaiserin noch ein paar Tage Galgenfrist, doch dann musste der offiziell Ausgewiesene Wien endgültig verlassen.

Doch nicht nur Giacomo hielt sich gerne in der österreichischen Hauptstadt auf – sein um zwei Jahre jüngerer Bruder Francesco, ein Schlachtenmaler, besaß ab 1783 sogar eine Wohnung in Wien, und zwar im Kaisergarten Nr. 51 (heute Wiedner Hauptstraße 63). Er abenteuerte eine Weile mit seinem Bruder umher, zog dann jedoch nach Mödling und ließ sich dort ein Landhaus erbauen. Nach zwei Ehen und einigen Affären starb Francesco als einsamer Mann; seither treibt er im Süden von Niederösterreich als ruheloser Geist sein Unwesen.

Giacomo reiste über Frankreich, wo man ihn auch nicht haben wollte, nach Spanien. In Madrid saß er 1768 wegen unerlaubten Waffenbesitzes kurze Zeit im Gefängnis, hatte in Barcelona eine Affäre mit der Geliebten eines hochrangigen Politikers und tötete bei einem von dem gehörnten Ehemann inszenierten Überfall einen seiner Angreifer, was ihm eine weitere Haftstrafe einbrachte. Nach seiner Freilassung reiste er zurück nach Italien und begann als selbsternannter Publizist provokante Texte zu veröffentlichen. Als er als Zeitungsverleger und später als Theaterdirektor scheiterte, verdiente er sein Geld als Spitzel der venezianischen Staatsinquisition – also jener Behörde, die ihn

1755 für unbestimmte Zeit in den Kerker gesperrt hatte, dem er später entfloh.

Wegen Schmähschriften gegen venezianische Adelige wurde Casanova 1782 aus Italien verbannt und zog erneut in die weite Welt.

Nach Reisen über Paris, Dresden, Berlin und Prag erreichte Casanova 1783 erneut Wien, wo er im Haus Rosengasse 8 wohnte, als Sekretär eines venezianischen Gesandten arbeitete und die Thermalbäder in Meidling nutzte. Er hatte außerdem eine Audienz bei Kaiser Joseph II., dem Sohn Maria Theresias – ob er sich bei dem Regenten über den Rauswurf aus Österreich im Jahr 1767 beschwerte, ist nicht bekannt.

Im Alter von 46 Jahren registrierte der Don Juan gramvoll, „dass sich das schöne Geschlecht nicht mehr einfach bei meinem Anblick für mich interessierte". So sehr er sich auch bemühte, „die Frauen wollten sich nicht mehr in mich verlieben".

In Wien traf der Schwerenöter auch auf Graf Joseph Karl von Waldstein, der ihn 1785 als Bibliothekar auf Schloss Dux im Norden Tschechiens (damals Königreich Böhmen) einstellte. Dort verwaltete Casanova Bücher und betätigte sich bei höfischen Festen als Wahrsager, der die Zukunft aus kabbalistischen Zahlen las. Seine Apanage wurde mit 1000 Gulden monatlich festgesetzt, doch tatsächlich erhalten hat der zur Ruhe gekommene Weltenbummler das Geld selten, da seine Gläubiger aus ganz Europa an die Duxer Schlosstür klopften, nachdem der zuvor nie greifbare Schuldner endlich einen festen Wohnsitz hatte.

Casanova, zu jener Zeit längst ein Schatten seiner selbst, mutierte in dem alten, zugigen Gemäuer in Böhmen zum zahnlosen paranoiden Grantler – das zumindest behauptete Fürst Charles Joseph de Ligne, der Onkel des Grafen von Waldstein, in Wien auch als „der rosarote Prinz" bekannt. Aus der Feder dieses Feldmarschalls und stets eloquenten Mittelpunkts der höchsten Wiener Gesellschaftskreise, der sich später in eines der Häuser innerhalb der Burgmauern am Leopoldsberg einmietete, stammen folgende Zeilen:

Man bilde sich nicht ein, dass Casanova ohne Stürme leben konnte. Kein Tag verging, ohne dass es wegen seines Kaffees, seiner Milch, seiner Schüssel Makkaroni [...] Lärm im Haus gab. Oder ein Jagdhorn hatte sein Ohr verletzt [...] Der Graf hatte ihm nicht als erster Guten Morgen gewünscht. Die Suppe war ihm absichtlich zu heiß serviert worden. Ein Diener hatte ihn auf ein Getränk warten lassen. Er war einem berühmten Besucher nicht vorgestellt worden ... Der Graf hatte ein Buch verliehen, ohne ihn davon zu verständigen. Ein Diener hatte nicht den Hut gezogen, als er an ihm vorüberging ...

Für die Hausangestellten des böhmischen Schlosses stellte er nicht viel mehr als ein Relikt aus einer vergangenen Epoche dar, sie sahen ihn als lächerlich altmodisch gekleideten Greis, der Befehle in einem schlechten Deutsch erteilte und bei Gesellschaften als Hofnarr mit geblümten Strumpfbändern fungierte. *Er hat mit großen Gestikulationen seine italienischen Verse deklamiert – man hat gelacht ... Er hat seinen Hut mit der großen Seidenfeder aufgesetzt, seinen goldgestickten Seidenrock, seine schwarze Sammetweste angelegt – man hat gelacht ... Er hatte beim Betreten eines Raumes die Verbeugung gemacht, die ihm von dem berühmten Tanzlehrer Marcel vor sechzig Jahren beigebracht worden war, und jemand hatte gelacht,* schrieb Fürst de Ligne in seinen Erinnerungen. Von ihm stammt auch der Spruch über Casanova, dass „jedes seiner Worte ein Gedanke, jeder Gedanke ein Buch sei".

Der ehemalige Bel Ami der besseren Gesellschaft, einfühlsame Frauenverführer und umtriebige Abenteurer war am Ende seiner Reise angekommen und verweilte bis zu seinem Tod auf Schloss Dux, obwohl er sich dort nicht wirklich wohlfühlte. Er bezeichnete seine neue Heimat als „barbarisches Land im ungastlichen Germanien" und fühlte sich fortwährend beleidigt und vernachlässigt, in seiner Würde verletzt, in seiner Ehre bedroht und seines Lebens nicht sicher.

Mehr oder weniger enthusiastisch geflirtet hat er weiterhin, vorwiegend mit den Begleiterinnen von Duxer Geschäftsleuten, die auf das Schloss kamen, oder den Töchtern der Leibhusaren, die er aufgrund nachlassenden Gedächtnisses alle „Rosina" oder „Schatzel" nannte.

Zwischendurch packte Casanova hin und wieder das Fernweh, er floh aus Dux und begab sich erneut auf Reisen. 1787 traf er in Prag vermutlich mit Wolfgang Amadeus Mozart und dessen Librettisten Lorenzo Da Ponte zusammen, einem Venezianer, mit dem Casanova befreundet war und der ihn in Mozarts Oper als „Don Giovanni" verewigte. Im selben Jahr veröffentlichte der Abenteurer die Erzählung über seine Flucht aus den „Bleikammern" und verfasste danach einen

41

fünfbändigen utopischen Roman, der 1788 erschien. Im Anschluss begann er mit der Niederschrift seiner Memoiren „Histoire de ma vie" („Die Geschichte meines Lebens"), die er bis zu seinem Tod immer wieder überarbeitete. Er kommentierte diesen Umstand in einem Nebensatz mit folgenden Worten: *Wenn es nur Geschwätz ist, so kümmert mich das nicht; mir genügt das Bewußtsein, daß ich mich dabei unterhalte.* In dem Werk geht es, beeinflusst von der Aufklärung im 18. Jahrhundert, erstaunlicherweise nur in rund einem Fünftel des Textes um seine erotischen Eskapaden. Dennoch erfährt der interessierte Leser beispielsweise, was ein „Doppelpass" ist *(ein schüchternes Mädchen, das in Gegenwart ihrer Freundin leicht zu besiegen ist, da die kleine Gunst der einen die andere dazu antreibt, eine größere zu gewähren)*, dass er bei *zarten Seufzern* der Frau, die er *jede Viertelstunde* hörte, das *Ende des Ritts immer wieder hinauszögerte*, und er sowohl *elfjährige Rosenknospen* wie auch lüsterne Nonnen und frivole Stubenmädchen vernascht hatte. Doch der Don Juan war durchaus anspruchsvoll, wie er berichtete – so wollte er die willige Londoner Kokotte Kitty Fisher nicht vernaschen, da er sie aufgrund mangelnder Englischkenntnisse nicht verstehen konnte; er erklärte das damit, dass er nur *mit allen Sinnen lieben und auf das Hören nicht verzichten* konnte. Und Groll, so Casanova in seinen Memoiren, hinterließ er nie – eine seiner Verflossenen bezeichnete ihn als den *ehrenhaftesten Mann, den sie kannte.*

Erklärbar ist sein Erfolg bei Frauen, nachträglich betrachtet, vielleicht mit der Tatsache, dass seine Lust *immer schon zu vier Fünfteln im Anblick der Wonne beschlossen war, die ich schenkte.* Ein anderer Aspekt war sein Wesen: Unstillbar erotoman, unheilbar narzisstisch und unsagbar abenteuerhungrig faszinierte er als Lebemann, authentischer Freigeist und rebellischer Nonkonformist. Er bleibt jedoch nicht nur als erfolgreicher Verführer – mit laut eigener Aussage 120 amourösen Affären –, wagemutiger Abenteurer und listiger Scharlatan in Erinnerung, sondern auch als aufgeregter Feind der Demokratie, wütender Antirepublikaner und beharrlicher Gotteslästerer, der gegen Menschen polemisierte und jene in Pamphleten beschimpfte, die nicht seine Meinung vertraten.

Letzten Endes blieb er trotz seines bewegten Lebens jedenfalls alleine – Gesellschaft im Exil auf Schloss Dux leistete ihm zum größten Teil seine kleine, schwarzgefleckte Hündin Melampyge. Nur manchmal reisten greise Damen aus Teplitz und Karlsbad an, um den alternden Charmeur zu bestaunen und zu umschmeicheln, vielleicht auch, um sich noch ein letztes Kompliment abzuholen. Casanova fand jedoch, dass *altes Fleisch und runzlige Haut der Erotik abträglich ist* und ließ seine Besucherinnen zu deren Enttäuschung in Ruhe.

Der bekannte Frauenliebling war nie verheiratet, hatte jedoch neun Kinder (einen Sohn zeugte er mit seiner eigenen Tochter), von welchen er wusste – die Dunkelziffer mag weit höher gewesen sein.

1791 kam Casanova zur Krönung Kaiser Leopolds II. ein letztes Mal nach Wien, rannte tags darauf unrasiert, mit einer Pelzmütze auf dem Kopf und einem roten Wolltuch um den Hals von einem Buchladen zum anderen und suchte nach einem Verlag für seine Memoiren – erfolglos. Als der Graf Joseph Karl von Waldstein anreiste, um den Flüchtigen zurückzuholen, fiel dieser ihm verwirrt um den Hals und ließ sich widerstandslos nach Dux zurückbringen.

1798 verstarb Casanova auf dem böhmischen Schloss, dem letzten und vielleicht einzigen festen Wohnsitz, den er je hatte. Seine letzten Worte sollen gewesen sein, als hätte er nie ein Wässerchen trüben können: „Allmächtiger Gott und Ihr Zeugen meines Todes! Ich lebte als Philosoph und starb als Christ!" Er wurde ohne großes Aufsehen auf dem Friedhof nahe der Schlosshofkirche beerdigt. Eine Tafel an der äußeren Mauer des Gotteshauses weist auf diese Stelle hin. Im Inneren des Gemäuers sind die Räume zu besichtigen, die Casanova bewohnte, sowie die Bibliothek, die ihm anvertraut war. Hinter einer Tapetentür verbirgt sich eine schummrige Kammer, in dem eine hagere Puppe tief über ein Manuskript gebeugt dasitzt, Tintenfass, Cognacflasche und Kerze in Griffweite. Außerdem zu sehen ist der Sessel, in dem Casanova verstarb. Angeblich soll er Männern Liebeskraft verleihen. Es verwundert also nicht, dass er mittlerweile ganz durchgesessen ist.

*

Einige Zeit nach Casanovas Tod wurden die Gräber vom ersten Friedhof nahe der Schlosshofkirche an die Peripherie der Stadt verlegt, dabei seine Knochen ausgegraben und umbestattet – so die offizielle Version.

Doch Bekannte von Graf Joseph Karl von Waldstein wollen gewusst haben, dass sein Bibliothekar und Hofnarr den Wunsch geäußert hatte, an seinem Lieblingsplätzchen im Duxer Schlosspark, am steinernen Brunnen am Anfang der Hauptallee, am Fuß einer Venusstatue, seine letzte Ruhe zu finden. Und so sollen die irdischen Überreste des einstigen Frauenlieblings während des Friedhofumzugs heimlich dort in die Erde gesenkt worden sein. Tatsächlich verschwand in dieser Zeit Casanovas Grabplatte spurlos, ebenso sein Name aus dem Register der übertragenen Gebeine. Und natürlich spukt der alte Mann nun im Duxer Schlosspark, wo sein Geist immer wieder von Touristen aus aller Welt gesehen wird.

Bis zur Mitte des 20. Jahrhunderts hieß es außerdem, dass auf dem Städtchen Dux Casanovas Fluch laste, da es laut damaliger Statistik über Jahre hinweg mit im Schnitt 28 unehelichen Kindern auf 100 Geburten an zweiter Stelle des sündigen Treibens im Land stand.

Allerdings zieht es den offenbar ruhelosen Abenteurer, zumindest seine überirdische Gestalt, auch immer wieder nach Wien zurück, wo er einst zu seinem großen Unverständnis der Stadt verwiesen wurde und die Erfahrung machen musste, dass er nicht alle Vertreterinnen des weiblichen Geschlechts um den Finger wickeln konnte – bei Kaiserin Maria Theresia biss Casanova nämlich auf Granit. Diese Schmach hat er offenbar nie so richtig verwunden.

An nebeligen Herbsttagen wandert der Abenteurer in Form einer dunkelgrauen Nebelschwade über den Spittelberg, vorbei an seinen ehemaligen Wirkungsstätten, den Bordellen dieses Wiener Stadtteils. Er hat sich in dieser reizlosen Gestalt, die er als Spukerscheinung angenommen hat, sich seines Todes womöglich gar nicht bewusst, mit den gehauchten Worten „Gestatten, Casanova" bereits so mancher „holden Maid" genähert, wobei die Betreffenden in dem Moment stets von Eiseskälte umfangen werden. Sobald der erste Schrei aus dem Mund der Erschrockenen ertönt, so erzählen Augenzeugen, wird die Schwade kleiner und dunkler und wirbelt gleich darauf wie eine kleine, dunkle Windhose davon.

Einige Male hielt sich der Schürzenjäger, häufig in Begleitung einer seiner Eroberungen, auch im Gasthof „Zum roten Ochsen" in der Florianigasse Nr. 29 auf. Auch dort wird der „größte Liebhaber aller Zeiten" häufiger wahrgenommen, allerdings nur als Schatten an der Hausmauer,

44

der vor herannahenden Damen galant den Hut zieht und ebenfalls „Gestatten, Casanova" flüstert.

Der Abenteurer sucht allerdings von Zeit zu Zeit auch die Hofburg heim – vermutlich, um an seine Niederlage bei der österreichischen Herrscherin Maria Theresia erinnert zu werden. Vielleicht aber auch, weil er alte Freunde besucht; er hat sich in der Habsburgerresidenz nämlich öfter aufgehalten, als bis dato bekannt war. Im Gegensatz zu seiner gestrengen Gemahlin Maria Theresia fand Kaiser Franz I. Stephan, der Wein, Weib und Spielkarten schätzte, durchaus Gefallen an dem geselligen und unterhaltsamen Lebemann. Er hatte sich im Keller der Hofburg einen gut gesicherten Schlupfwinkel eingerichtet, in dem er seinen Leidenschaften frönte. Vor dem unterirdischen „Amüsiersalon" des Herrschers, der sich hinter einem Gewirr von Gängen, Pförtchen und Stiegen befand, standen stets zwei Männer Wache – für den Fall, dass Maria Theresia eine Art Hausrazzia, bei der alle Räume der Hofburg auf „Zucht und Anstand" kontrolliert wurden, durchführen ließ. Als es eines Tages wieder so weit sein sollte und die Information von einem loyalen Diener seines Herren selbigem mitten in einem „Hasardspiel" (= Glücksspiel) überbracht wurde, versteckte sich Casanova mit zwei seiner neuen Bekanntschaften, den Grafen Philipp Joseph Kinsky und Christoph Erdödy, in einer der vielen dunklen Nischen des unterirdischen Labyrinths. Die drei Männer lauschten mit dem Schalk im Nacken den nahenden sporenklirrenden Schritten des Leutnants mit seinen fünf Gardisten, sprangen im rechten Moment hervor und erschreckten die Abgesandten Ihrer Majestät der Kaiserin fast zu Tode.

Die Herrschaften im Geheimsalon konnten derweil das Weite suchen und entgingen Maria Theresias Zorn. Dass der „sündige Raum" sofort verschlossen und versiegelt wurde, ist anzunehmen.

In einer der vielen verwinkelten und spinnenverhangenen Ecken der Hofburg richtete Franz I. Stephan außerdem eine geheime „Schneckentreppe", auch „Zuckerbäckerstiege" genannt, ein (die später sein Sohn Joseph II. ebenfalls nutzte, um der Aufsicht seiner Mutter zu entfliehen). Über diese gelangte der umtriebige Monarch heimlich aus seinen Gemächern, um in der nächtlichen Stadt, die damals rund 280 000 Einwohner zählte, Abenteuer zu erleben oder dunklen Geschäften nachzugehen. Und auf diesem Stiegenabgang musste Casanova hin und wieder auf den

Kaiser warten, bis dieser unbemerkt aus den ehelichen Gemächern verschwinden konnte, um sich in Gesellschaft des Frauenschwarms auf den Spittelberg zu begeben.

So wird der freche Filou hin und wieder auf dem Areal der Hofburg gesehen – als der, der er damals war: ein fescher Mann in strammer Haltung, mit uniformartiger Kleidung und dickem Haarzopf. Er soll lächelnd umherstolzieren, den Blick immer auf die Hofburg gerichtet. Spricht man die seltsame Gestalt an, fällt sie in sich zusammen und löst sich in Staub auf. So jedenfalls wird es berichtet.

Joseph Haydn (1732–1809)

Paranormale Vibrationen beim Stadtheurigen

Besondere Bedeutung in der Musikgeschichte erlangte der Musiker Joseph Haydn, bei dem sich ernsthaftes Genie und geselliger Schalk in einer Person vereinten. Seiner Laufbahn, die durch die „Erfindung" des Streichquartetts gekrönt wurde, stand nichts im Weg – außer vielleicht seine Gattin, von der er sich schon kurz nach der Hochzeit emotional trennte. Ansonsten verlief das Leben des Komponisten relativ beschaulich zwischen weinseligen Runden in Schanklokalen und verschiedensten Konzertsälen im In- und Ausland. Nach seinem Tod allerdings häuften sich die mysteriösen Vorfälle.

Es begann mit den auf seinem Grabstein eingemeißelten Worten *Non omnis moriar (Ich werde nie gänzlich sterben.)* Acht Tage nach Haydns Beisetzung wurde sein Kopf aus dem Grab entwendet und er konnte erst 1954 wieder mit dem Skelett vereint werden. Der tote Komponist allerdings spukt bis heute auf dem ehemaligen Friedhof, auf dem er vermeintlich zur letzten Ruhe gebettet wurde, und sucht den fehlenden Körperteil. Ebenso gesellt er sich hin und wieder unter die Gäste seines Lieblingslokals in der Wiener Innenstadt und erfreut sich an der nach wie vor inspirierenden Atmosphäre der alten Gemäuer.

*

Joseph wurde als zweites von insgesamt zwölf Kindern, von denen allerdings nur sechs überlebten, als Sohn von Mathias und Maria Haydn in Rohrau in Niederösterreich geboren. Die Familie war sehr musikalisch und saß in dem kleinen Dorf abends oft mit Nachbarn bei Wein und Gesang zusammen. Dabei entdeckte man die Begabung des später weltbekannten Komponisten bereits zu einem Zeitpunkt, als dieser noch marineblaue Kniehosen trug. Im Alter von sechs Jahren schickte ihn der gestrenge Herr Papa zu Verwandten nach Hainburg an der Donau, wo ihn der musikalische Direktor des Wiener Stephansdoms, Georg von Reutter, entdeckte. Der Talentförderer, der auf der Suche nach kleinen Gesangsgenies durch das Land gereist war, nahm den Jungen mit der glockenhellen Stimme mit in die Hauptstadt. Dort lebte Joseph neun Jahre lang als Chorknabe und erhielt in der Domkapelle Gesangs-, Klavier- und Violinunterricht. 1745 kam sein jüngerer Bruder Michael, der später ebenfalls Komponist wurde, nach.

Als sich 1749 der Stimmbruch des Knaben, der von seinen Erziehern nicht gut behandelt wurde und oft hungern musste, andeutete, sollte er kastriert werden, wogegen sein Vater allerdings Einspruch erhob. So wurde Joseph Haydn als Chorknabe entlassen und begann eine Karriere als freier Musiker. Während dieser von ihm so bezeichneten *kummerhaften Jahre* arbeitete er als Kammerdiener oder als Begleiter anerkannter Künstler, während er sich nebenbei weiterbildete und auch zu komponieren begann.

Zwischen 1754 und 1756 spielte er während der Regierungszeit von Maria Theresia in der Faschingszeit als „Extra Musicus" auf Bällen am Wiener Hof und wurde zusätzlich hin und wieder als Gastsänger engagiert.

Vermutlich 1757 bekam Haydn seine erste wichtige Stelle angeboten, und zwar als Musikdirektor des Grafen Karl von Morzin auf dessen Schloss bei Pilsen in Tschechien, wo er ein kleines Orchester dirigierte. In diesem Jahr schrieb der junge Musiker seine erste Sinfonie.

Drei Jahre später heiratete er im Wiener Stephansdom die um zwei Jahre ältere Maria Anna Aloysia Apollonia Keller, die Tochter eines aus Hamburg stammenden wohlhabenden Perückenmachers. Diese Heirat stellte sich jedoch schon nach ein paar Monaten als Fehler heraus – Frau Haydn soll jede Menge Haare auf den Zähnen und zugleich wenig Verständnis für ihren Gatten und dessen Leidenschaft für die Musik gehabt haben. Außerdem blieb die Ehe kinderlos, was Haydn sehr bedauerte. Ursprünglich hatte der Komponist die Schwester seiner Frau ehelichen wollen, doch diese war zu seinem großen Bedauern ins Kloster gegangen.

Als Freund launiger Runden schätzte Joseph Haydn weinselige Männerabende im „Esterházykeller".

Ab 1761 verbrachte der Künstler fast 30 Jahre als Haus- und Hofmusiker der Familie Esterházy auf deren Residenzen in Eisenstadt, Wien und Ungarn, wo er als livrierter Musiker im Rang eines Hausoffiziers das Orchester der wohlhabenden ungarischen Familie leitete. In dieser Zeit schuf er zahlreiche Kompositionen, wobei sein Stil reifte und seine Popularität ständig stieg. Viel mehr als zu experimentieren und sich dabei laufend zu verbessern, blieb ihm während seiner Tätigkeit bei den Esterházys vor allem auf deren Schloss im „öden" Burgenland auch gar nicht übrig, soll Haydn einmal Freunden gegenüber bemerkt haben. Er schrieb in einem Brief: *Mein Fürst war mit allen meinen Arbeiten zufrieden, ich erhielt Beyfall, ich konnte als Chef eines Orchesters Versuche machen, beobachten, was den Eindruck hervorbringt, und was ihn schwächt, also verbessern, zusetzen, wegschneiden, wagen.* Trotzdem fühlte er sich *in der Pampa* zunehmend isoliert, klagte über die Einsamkeit und meinte im Juni 1790, dass es doch traurig sei, immer Sklave zu sein.

Immerhin musste er in sexueller Hinsicht nicht darben: Der Musiker lernte schon bald die ebenfalls bei den Esterházys angestellte Sängerin Luigia Polzelli kennen, mit der er eine leidenschaftliche Affäre begann, die mehrere Jahre lang dauerte. Aus dieser Beziehung ging auch Sohn Alois Anton hervor, dessen Vormund Haydn später wurde.

Schon bald begann Haydn auf den Tod seiner Frau zu hoffen, damit er als Katholik endlich jemanden heiraten konnte, *mit dem das Zusammenleben keine reine Qual darstellte.*

Ab etwa 1781 entwickelte sich eine enge Freundschaft zu Wolfgang Amadeus Mozart, mit dem ihn nicht nur die Liebe zur Musik verband, sondern auch die Zugehörigkeit zur Freimaurerloge „Zur wahren Eintracht".

Im Jahr 1790 verstarb Fürst Nikolaus I. von Esterházy, genannt der „Prachtliebende". Dessen Nachfolger, der Kunstbanause Anton Esterházy, entließ die gesamte Hofmusik und schickte Haydn mit einer Pension von 1400 Gulden zurück nach Wien. Der Künstler akzeptierte daraufhin das lukrative Angebot eines deutschen Musikfreundes, nach England zu gehen und seine neuen Sinfonien mit einem großen Orchester aufzuführen. Dort feierte der Komponist auf seinen Reisen große Erfolge und wurde zum wahren Publikumsmagneten.

Auf einer seiner Rückreisen von London in die Heimat begegnete Haydn 1792 in Bonn dem damals 21-jährigen Ludwig van Beethoven. Es wurde verabredet, dass der junge Mann nach Wien kommen solle, um dort ein Meisterschüler des Komponisten zu werden. Beethoven war mit diesem Unterricht jedoch dermaßen unzufrieden, dass er sich bald anderen musikalischen Autoritäten zuwandte.

Nach Haydns endgültiger Rückkehr nach Wien im Jahr 1795 stockten die Esterházys seine Pension auf 2300 Gulden auf. Er kaufte sich daraufhin im Gebiet „Obere Windmühle" in Wien-Mariahilf in der Unteren Steingasse Nr. 73 (heute Haydngasse 19) ein Haus mit Garten, das er 1797 bezog. Im selben Jahr vertonte er für den Habsburgerkaiser Franz II./I. das Gedicht „Gott erhalte Franz, den Kaiser, unsern guten Kaiser Franz!". Die Melodie war bis zum Ende der Monarchie 1918 die österreichische Kaiserhymne und wurde auch noch in der Ersten Republik zu besonderen Anlässen gespielt.

1800 verstarb Haydns Frau während eines Kuraufenthalts in Baden bei Wien, bei dem ihre Arthritis gelindert werden hätte sollen. Sie hielt sich dabei bei dem Mozart-Freund Anton Stoll im Haus mit der heutigen Adresse Pfarrgasse 5 auf, dessen Gattin gegen Entgelt Siechende pflegte. Die Eheleute Haydn waren zu diesem Zeitpunkt bereits so voneinander entfremdet, dass der Komponist nicht einmal zum Begräbnis erschien, sehr wohl aber zur Testamentseröffnung. Geheiratet hat er danach nicht mehr.

Ab 1802 spürte der Künstler, dass sich auch sein gesundheitlicher Zustand zusehends verschlechterte und er nicht mehr in der Lage war, zu komponieren oder öffentlich aufzutreten. Er wurde von seiner Dienerschaft liebevoll umsorgt, empfing noch viel Besuch und erhielt in dieser Zeit einige Auszeichnungen.

1809 starb Haydn an „allgemeiner Entkräftung". Seine letzten Worte sollen Beschwichtigungsversuche gewesen sein, gerichtet an seine Angestellten, als in der nahen Umgebung Kanonenschüsse zu hören waren – abgegeben von der französischen Armee unter Napoleon Bonaparte, die zu diesem Zeitpunkt Wien angriff.

Joseph Haydn, einer der führenden Vertreter der Wiener Klassik und Inbegriff der musikalischen Aufklärung, ließ sich von anderen Strömungen seiner Zeit nicht beeinflussen. Das kommentierte er im

Zusammenhang mit seinen Aufenthalten in der Residenz der Esterházys in Eisenstadt folgendermaßen: *Ich war von der Welt abgesondert, niemand in meiner Nähe konnte mich an mir selbst irremachen und quälen, und so musste ich original werden.* Seine Bewunderer äußerten: *Große Komponisten wie Ludwig van Beethoven haben auf seinen Ideen aufgebaut, er war das Original und der Originellste von allen!*

Besondere Bedeutung erlangte der Künstler durch die Emanzipation der Instrumentalmusik in den Gattungen Sinfonie und Streichquartett sowie seine kreativen Abweichungen von der damaligen Norm. Die Werke des großen Komponisten sind geprägt von tief empfundener Emotion, genauso wie von kühner Technik und einer großen Portion Humor. Geschaffen hat Joseph Haydn unter anderem 107 Sinfonien, 24 Opern, 14 Messen, 68 Streichquartette und 52 Klaviersonaten.

Haydn war gläubiger Katholik und schrieb unter seine Kompositionen oft „Laus deo" (Ehre sei Gott). In seiner Freizeit saß er häufig mit Bekannten bei einem Glas Wein zusammen, ging außerdem gerne jagen und angeln. Der Musiker galt rein äußerlich als eher unattraktiv, war klein und hatte Pockennarben im Gesicht, wurde aber dennoch von den Frauen umschwärmt. Das lag vermutlich an seinem freundlichen Wesen, denn Haydn soll ein vornehmer, liebenswürdiger und humorvoller Zeitgenosse gewesen sein, der mit seinen Freunden auch den einen oder anderen Schabernack trieb.

Was ihm selbst nach seinem Tod widerfuhr, hätte allerdings nicht einmal der oft zu Späßen aufgelegte Musiker lustig gefunden: Man hat ihm nämlich den Schädel gestohlen! Begangen wurde das dreiste Verbrechen nur acht Tage nach der Beisetzung des Künstlers am Hundsturmer Friedhof (benannt nach der im 19. Jahrhundert eigenständigen Wiener Gemeinde Hundsturm).

Das 31 000 Quadratmeter große Gräberfeld war um 1783 auf Geheiß Josephs II. errichtet worden – wie auch noch einige andere weiter außerhalb gelegene Grabanlagen, die man anstelle der zahlreichen „Gottesäcker" innerhalb des „Linienwalls" (Befestigungsanlage zwischen den Vororten und Vorstädten Wiens, der heutige Gürtel) erbaut hatte.

Mit der Eröffnung des Zentralfriedhofs im Jahre 1874 wurden dann alle „communalen" Friedhöfe geschlossen, so auch der Hundsturmer

Haydns Geist wird im „Esterházykeller" als von einer weißen Aura umgebene Gestalt wahrgenommen.

Friedhof. Auf diesem Areal am heutigen Gaudenzdorfer Gürtel im 12. Wiener Gemeindebezirk (Meidling) legte das Stadtgartenamt 1926 eine öffentliche Grünanlage an – den heutigen Haydnpark. Dort erinnert der 1814 von seinem Schüler Sigismund von Neukomm gestiftete Grabstein in den noch bestehenden Resten der Umfassungsmauer des Friedhofs an den berühmten Komponisten. Der quadratische Stein auf dem Boden zeigt einen fünfstimmigen Rätselkanon auf die Worte *Non omnis moriar* (Ich werde nie gänzlich sterben).

Der Diebstahl von Haydns edlem Haupt ging auf das Konto des ehemaligen Sekretärs des Fürsten Esterházy II., Joseph Karl Rosenbaum, der den Totengräber, wie auch einige Wiener Beamte geschmiert hatte, um an die heißbegehrte Trophäe zu gelangen. Rosenbaum war ein fanatischer Anhänger der Schädellehre des Arztes Franz Joseph Gall und wollte anhand berühmter Köpfe die Lehren des Wissenschaftlers nachvollziehen.

Franz Joseph Gall, ein deutscher Anatom, begründete unter dem Begriff „Phrenologie" die Lehre, dass das Gehirn das Zentrum aller mentalen Funktionen sei, geistige Eigenschaften und Zustände also bestimmten, klar abgegrenzten Hirnarealen zuzuordnen wären. Er behauptete außerdem, dass sich die Gehirnform von der Schädelform ableiten ließe. Für seine Untersuchungen sammelte Gall eine Unmenge von Totenköpfen – die meisten davon stammten von „Irrsinnigen", Selbstmördern und Verbrechern, da diese für die Forschung am interessantesten schienen. 1805, nachdem Galls Theorien in Wien „nicht mehr erwünscht" waren, weil sie laut Kaiser Franz II./I. gegen die Grundsätze der Moral und Religion verstießen, übersiedelte der Mediziner nach Paris. Dort fiel er nach einiger Zeit wiederum Napoleon unangenehm auf, sodass er sich 1820 endgültig auf seinen französischen Landsitz in Montrouge zurückzog, wo er bis zu seinem Tode als Arzt ordinierte.

Die Gall'sche Schädelsammlung ist gegenwärtig im Rollettmuseum der Stadt Baden (Weikersdorfer Platz 1), der ältesten Ausstellung historischer Exponate in Niederösterreich, zu besichtigen.

Franz Joseph Gall hatte viele Fans: hohe Staatsbeamte, Gelehrte, Priester, Künstler, in- und ausländische Ärzte, Wiener Bürger und Studenten – sogar der Dichter Johann Wolfgang von Goethe outete sich als „höchst Interessierter". Darunter befand sich eben auch Joseph Karl Rosenbaum, der nach außen hin ein wenig aufregendes, gutbürgerliches Leben führte. Er wohnte mit seiner Gattin Therese in einem frühbarocken Giebelhaus am Ledererhof 9 in der Wiener Innenstadt, ging tagsüber seinem Job als Schreibkraft nach und buddelte nachts mit seiner Gemahlin Schädel aus. Die beiden betrachteten Galls Theorie offenbar als Legitimation für die Aneignung der Köpfe zu „Forschungszwecken". Die ersten noch nicht so prominenten Exemplare hatte sich das Ehepaar aus der Prosektur des Allgemeinen Krankenhauses Wien besorgt. Bei der Beschaffung von weit spektakuläreren Trophäen musste dann auch sein Freund Johann Nepomuk Peter, der spätere Direktor des niederösterreichischen Provinzialstrafhauses, mithelfen. Haydns Kopf wurde nach dem erfolgreichen Coup im Garten des Giebelhauses am Ledererhof 9 in einem schwarzen, hölzernen Sarkophag auf ein weißes Seidenkissen gebettet und als Kultgegenstand ausgewählten Freunden präsentiert. Johann Nepomuk Peter erzählte bei diesen Gelegenheiten in geselliger Runde gerne, dass er an Haydns Schädel den von Gall lokalisierten „Thonsinn", also die musische Begabung, nachgewiesen hätte.

Ans Licht gelangte die Untat, als Fürst Nikolaus II. Esterházy im Jahr 1820 den Leichnam des Künstlers exhumieren und nach Eisenstadt überführen lassen wollte. Dazu angeregt worden war der Adelige vom Duke von Cambridge, der bei einer Aufführung von Haydns „Die Schöpfung" ausgerufen hatte: „Wie glücklich der Mann, der diesen Haydn im Leben besessen hat und noch im Besitz seiner irdischen Reste ist!"

Nachdem die Friedhofsbediensteten beim Ausgraben des Leichnams entdeckt hatten, dass Haydns Kopf fehlte und an dessen Stelle nur eine Perücke im Grab lag, war die Bestürzung groß.

Trotz der unvorhergesehenen Ereignisse transportierte man die sterblichen Überreste nach Eisenstadt und beerdigte sie in einer Gruft unter der Bergkirche.

Vermeintlich wurde Haydns Kopf – tatsächlich war es der eines 20-Jährigen – schon kurze Zeit später von Johann Nepomuk Peter retourniert. Nachdem man diesen Schädel als Fälschung entlarvt hatte, startete die Polizei eine Hausdurchsuchung bei der von Anfang an verdächtigen Familie Rosenbaum, die jedoch erfolglos verlief. Angeblich hatte Josephs Frau Therese den Kopf im Strohsack ihres Bettes versteckt. Johann Nepomuk Peter überreichte der Justiz daraufhin erneut einen falschen Kopf, dieses Mal den eines alten Mannes, der dann nach Eisenstadt gebracht und in Haydns Grab gelegt wurde.

Nach Rosenbaums Tod wagte es sein Freund aus Angst vor strafrechtlichen Konsequenzen nicht, das geerbte Haupt des Komponisten – dieses Mal das echte – dem Musikkonservatorium auszuhändigen, obwohl er es seinem Freund auf dem Totenbett versprochen hatte. Johann Nepomuk Peter schob die Verantwortung auf seine Frau ab, indem er testamentarisch festlegte: *Übergeben an das genannte Musikkonservatorium soll dieser Kopf des Haydn, welches ich mit dem Eid, so wahr mir Gott helfe, beteuere, dass er derselbe ist, erst nach meinem Tode aus dem Grunde werden, um wegen dieser Handlung, die mir gut scheint, vor Verfolgung mich zu bewahren.* Nach seinem

Ableben war aber auch die Witwe zu feige, um die Reliquie an den Wiener Musikverein auszuhändigen, sie überließ sie vielmehr dem Leibarzt ihres Mannes, Dr. Karl Haller, der ihn an den Anatom Dr. Karl Rokitansky weiterreichte. Dessen Nachfolger Richard Heschl übergab den Kopf 1878 dem Pathologisch-Anatomischen Museum in Wien. Heschls Nachfolger wiederum holte den Schädel 1893 wieder aus dem Museum und ließ ihn Rokitanskys Söhnen zukommen. Hans von Rokitansky, der letzte private Schädelverwahrer, und seine Brüder übergaben den Kopf zwei Jahre später, wie von Rosenbaum gewünscht, dem Musikkonservatorium.

1909 behauptete der Anatom Julius Tandler, der Haydns Schädel untersuchte, dass die Tagebuchaufzeichnungen von Joseph Karl Rosenbaum falsch sein mussten, da er behauptet hatte, das Gehirn gesehen zu haben. Tandler konnte jedoch nachweisen, dass die Schädeldecke nie entfernt worden war. So kamen letztlich wieder Zweifel auf, ob es sich bei diesem Exemplar tatsächlich um das Haupt des berühmten Komponisten handelte. Im Jahre 1932, anlässlich des 200. Geburtstags von Joseph Haydn, begannen Bestrebungen, den Schädel mit dem Körper zu vereinen. Die Gesellschaft der Musikfreunde war nicht abgeneigt, die Reliquie abzugeben, woraufhin die Esterházys für Haydn ein pompöses Mausoleum in der Eisenstädter Bergkirche errichten ließen. Doch im letzten Moment wurde die Übergabe des Schädels verhindert, da ein Musikwissenschaftler der Gesellschaft der Musikfreunde behauptete, dass es laut einem Wiener Gesetz verboten sei, Leichenteile über die Stadtgrenzen zu transportieren.

Man munkelte jedoch, der Verein wolle mit diesem Manöver von den Gerüchten, dass er sich den Schädel abkaufen ließ, ablenken. 1954 klappte es endlich mit der Übergabe, und so wurde das Haupt des großen Komponisten nach Eisenstadt gebracht, gegen den falschen Kopf ausgetauscht und feierlich mit Haydns Gebeinen vereint.

Es konnte nie vollständig geklärt werden, wo sich Haydns Kopf während all der Jahre tatsächlich befunden hatte und ob in Eisenstadt heute wirklich der echte Schädel beim Skelett des Komponisten im Sarkophag liegt.

Ein ähnliches Schicksal wie sein Musikerkollege und Freund hatte auch Wolfgang Amadeus Mozart – wo sich sein Schädel heute befindet, ist nicht bekannt. 1901 gelangte das vermeintliche Original aus dem Besitz des Anatoms Josef Hyrtl, der das Musikerhaupt von seinem Bruder Jakob geschenkt bekommen und danach Vermessungen daran vorgenommen hatte, an die Stadtgemeinde Salzburg. Auf die Stirn des Totenkopfs hatte Hyrtl einen Zettel geklebt, auf dem stand: *Vom Todtengräber Jos. Rothmayer, welcher sich die Stelle merkte, wo er Mozarts Sarg einscharrte, bei der Leerung der Gemeingrube 1801 gerettet, und von seinem Nachfolger Jos. Radschopf, meinem Bruder Jacob geschenkt. 1842.* Die Echtheit der Handschrift ist zwar bestätigt, doch die Angaben hielten einer historischen Beweisführung nicht stand, denn der Totengräber Rothmayer hatte sein Amt erst um 1802 angetreten. Daher sollte mit der Überlieferungsgeschichte vermutlich nur Leichenfledderei verschleiert werden. Denn ungeachtet aller Verbote verscherbelten Totengräber immer wieder Gebeine namhafter Verstorbener. Eine gewisse Rolle in der mysteriösen Geschichte spielte auch Joseph Schöffel, von 1873 bis 1882 Bürgermeister von Mödling. Er meldete erst sieben Jahre nach dem Tod seines Freundes Joseph Hyrtl die Wiederauffindung des Kopfes. Damals wurden beim k. k. Bezirksgericht Mödling *die erforderlichen Erhebungen bezüglich der Echtheit des Exponats* eingeleitet. Einig geworden ist man sich dabei nicht. Das verwundert kaum, denn es existieren fast keine Unterlagen zu Mozarts Beerdigung: Der Kutscher des Leichenwagens lieferte die Gebeine im Dezember 1791 unbürokratisch beim Totengräber am Friedhof von St. Marx ab, der den verstorbenen Komponisten am nächsten Tag in einem Schachtgrab für 16 Personen beerdigte. Diese Grube wurde 1801 zur neuerlichen Belegung geöffnet, wobei der Leichenbestatter, aber eben nicht Josef Rothmayer, den Mozart-Kopf entnommen haben dürfte. Dieser Kopf wird heute im Geburtshaus Mozarts ausgestellt, immer wieder untersucht und zuletzt im Jahr 2008 konnte seine Echtheit nicht nachgewiesen werden.

Aufgrund der zahlreichen neuen Erkenntnisse im Bereich der Humanwissenschaften und der daraus resultierenden Lehren im 18. Jahrhundert kam es zu vielen Diebstählen von „Forschungs- und Anschauungsmaterial", sprich Körperteilen, Knochen und Organen von Toten. Mit Prominenten, die schon zu Lebzeiten klüger, begabter und anbetungswürdiger, im Tod also umso interessanter waren, konnten die Leichenfledderer viel Geld verdienen, weshalb Diebstahl vom Friedhof damals keine Seltenheit war. Bei Nacht und Nebel wurden die Gräber wieder aufgeschaufelt, die Särge geöffnet und die kalten, stinkenden und grünlich angelaufenen Leichen entnommen. Und auf diese Weise gelangte auch der Schädel von Joseph Haydn, nur wenige Tage nachdem man ihn zur letzten Ruhe gebettet hatte, wieder ans Tageslicht.

*

Vielleicht ist der Diebstahl seines Kopfes der Grund, warum Joseph Haydns Geist bis heute in dem nach ihm benannten Park am Gaudenzdorfer Gürtel herumirrt. Der kleine, alte Mann mit dem vernarbten Gesicht wurde bereits mehrmals in der Nähe seines Grabmals gesichtet. Auch seine Präsenz ist in der gesamten Grünanlage extrem stark spürbar, bestätigte ein Medium, nachdem es sich mehrere Stunden in dem Park aufgehalten hatte. Es hat daraufhin versucht, den spukenden Komponisten zu erlösen, doch leider ist das Experiment nicht gelungen: „Seine Energie ist extrem stark, er möchte nicht gehen. Ich kann nur die Seelen auf die Reise schicken, die ins Jenseits gelangen wollen, es aber ohne fremde Hilfe nicht schaffen. Haydn möchte aber hierbleiben, das signalisiert er ganz deutlich. Vielleicht hat er immer noch nicht den richtigen Kopf und sucht ihn hier, wo er einst beerdigt wurde. Ohne seinen Schädel wird er diesen Ort nicht verlassen wollen. Oder aber er kommt nicht zur Ruhe, weil die Diebe damals wegen der Störung seiner Totenruhe nicht bestraft wurden."

Es liegt außerdem der Augenzeugenbericht eines Pärchens vor, das dem toten Komponisten in einer lauen Sommernacht im Juli 2009 begegnete. Als die beiden jungen Leute Arm in Arm durch den Park spazierten, bewegte sich plötzlich ein grauer Schatten neben ihnen, etwa in Höhe von Haydns Grabmal. Die Gestalt war klein und zuerst noch nicht erkennbar, wie eine Art dunkler Nebel, der durch die Luft wabert und sich Schritt für Schritt vorwärtsbewegt. Sie sprachen das unförmige Gebilde mit den Worten „Wer bist du denn?" an. Daraufhin verdichtete sich der Nebel ganz langsam, bis ein Gesicht erschien: „Der Mann hatte dicke Lippen, eine große Nase und hässliche Narben. Er sah sehr traurig aus."

Danach soll sich das Wesen an den Kopf gegriffen und sich gleich darauf aufgelöst haben.

Aber nicht nur am ehemaligen Hundsturmer Friedhof wurde der berühmte Komponist als paranormales Phänomen wahrgenommen, sondern auch im alten Kellergewölbe eines Weinlokals.

Als großer Liebhaber des Rebensaftes und Freund des launigen Beisammenseins mit Freunden war Joseph Haydn öfter in diversen Weinstuben in der Innenstadt zu Gast, häufig im „Esterházykeller" (Haarhof 1). Während er im Dienste der Familie Esterházy stand, wohnte er auch zeitweise in einem der Nebenhäuser. Hin und wieder hielt er sich in dem Lokal auch nur in Gesellschaft eines edlen Tropfens auf und ließ sich tief versunken in der stimmungsvollen Atmosphäre zu neuen musikalischen Werken inspirieren.

Zu dem heute noch existierenden Schankbetrieb mit dem Originalgewölbe aus dem 15. Jahrhundert existiert folgende Legende: Zur Zeit des Türkenkrieges 1683 befand sich die Stadtmauer ganz in der Nähe. Fürst Paul I. Esterházy stellte zur Verteidigung von Wien seine Soldaten zur Verfügung. Es heißt, an das Heer des Adeligen wurde vor dem Kampf gratis vergorener Traubensaft ausgeschenkt, sodass es sich mit angetrunkenem Kampfgeist und dem Frohgemut der Alkoholisierten der türkischen Übermacht entgegenstellte. Dies soll der Beginn der Ausschank von Wein des burgenländischen Schlosses Esterházy in dem Lokal am Haarhof 1 gewesen sein.

Der Schriftsteller August Silberstein berichtete Ende des 19. Jahrhunderts von einem Besuch in dem Lokal: „Hier heißt es unbedingt und ohne allen Scherz stehen bleiben und harren, bis sich das Auge an das Dunkel gewöhnt hat, denn sonst kann man plötzlich carambolieren und hat ein wildes Gesicht mit blitzenden Augen vor sich …"

Möglicherweise meinte er damit keinen Betrunkenen, sondern den Geist von Joseph Haydn, der sich dort häufig in weinseliger Runde aufhielt und noch heute von Gästen gesehen wird. Die Augenzeugen nehmen dabei ein exaktes Ebenbild seiner einstigen Gestalt wahr, das lediglich ein wenig heller als lebende Personen und von einer weißen Aura umgeben ist und gut gelaunt im Raum umhersieht. „Non omnis moriar", scheint das übernatürliche Wesen zu denken, wenn es den Mund zu einem Lächeln verzieht. Die Erscheinung verschwindet, sobald jemand dem Platz, an dem sie sitzt, zu nahekommt. Dabei beginnt die Luft für einen kurzen Moment zu vibrieren, was bei den meisten Menschen eine Gänsehaut hervorruft.

Aber auch Mozarts Geist wird hin und wieder gesichtet, und zwar in Mödling nahe des Hyrtl'schen Waisenhauses, das als späthistorischer Bau in der Art eines englischen Colleges den östlichen Stadtteil der Gemeinde prägt. In dem denkmalgeschützten Gebäude, errichtet Ende des 19. Jahrhunderts während der Amtszeit des Bürgermeisters Josef Schöffel und mit Privatgeldern von Josef Hyrtl finanziert, sind heute unter anderem eine Mode- und eine Volksschule untergebracht.

Der Komponist soll neben oder vor dem ehemaligen Waisenhaus in seiner früheren Gestalt, augenscheinlich sehr aufgebracht und stumm lamentierend, wie aus dem Nichts auftauchen und Passanten fast zu Tode erschrecken. Bekleidet ist er üblicherweise mit roten, an den Waden zusammengebundenen Hosen, hellen Strümpfen, schwarzen Schnallenschuhen und einer roten Weste mit goldenen Knöpfen. Dazu trägt er eine Perücke mit einem kurzen Zopf. Das Außergewöhnlichste sind jedoch seine Augen, berichtete eine Augenzeugin: „Sie haben eine bernsteinfarbene Iris mit goldenen Sprenkeln, die wie zwei gleißende kleine Sonnen in dem fahlen, hohlwangigen Gesicht leuchten und Löcher in die Atmosphäre zu brennen scheinen." Die paranormale Erscheinung blickt jedoch Menschen niemals direkt an, so sagt man, läuft aber direkt in sie hinein, wenn man nicht rechtzeitig ausweicht, was angeblich einen kalten Schauer am ganzen Körper verursacht.

Andreas Hofer (1767–1810)

Ein toter Freiheitskämpfer bläst Tuba

Geboren als Sohn eines Tiroler Wirts wurde Andreas Hofer als Freiheitskämpfer und leidenschaftlicher Verfechter von Moral, Gerechtigkeit und Ordnung zum Volkshelden. Der gläubige Katholik stellte sich mit der Unterstützung des habsburgischen Kaiserhauses und seiner treuen Gefolgsleuten gegen den großen Napoleon Bonaparte. Kurz darauf verlor er nach einigen Siegen gegen die französischen Truppen nicht nur die letzte entscheidende Schlacht, sondern kurze Zeit später, nach einem unwürdigen Versteckspiel und feigem Verrat, auch sein Leben. Er wurde in Mantua exekutiert und beerdigt, später von den Kaiserjägern exhumiert und zurück in seine Heimat Tirol gebracht. Heute spukt er einerseits als riesige Lichtgestalt, andererseits als unheimliches Schattenwesen und ist darüber hinaus auch als Blasmusiker in der Innsbrucker Hofkirche, in der seine Gebeine ruhen, zu hören – immer dann, wenn im Land Tirol ein Unrecht geschieht.

*

Nach drei Mädchen wurde endlich der langersehnte männliche Erbe von Maria und Josef Hofer geboren: Andreas, genannt „Anderl", der Jahre später als Nationalidol verehrt und sogar als Volksheld gefeiert werden sollte. Der Knabe kam im elterlichen Gasthof „Am Sand" in der Grafschaft Tirol zur Welt – heute ein Restaurant und Hofer-Museum. Seine Mutter starb drei Jahre nach der Geburt, der Vater, zu diesem Zeitpunkt bereits 47 Jahre alt, heiratete bald darauf die um 17 Jahre jüngere Anna Frick. Von seiner Stiefmutter, die nach Josef Hofers Tod 1774 die Gastwirtschaft übernahm, wurde er nicht besonders gut behandelt, er musste schwer arbeiten und ging daher nicht regelmäßig zur Schule. Er lernte aus diesem Grund nur das Notwendigste – bis an sein Lebensende verfasste er alle seine Schriften im Südtiroler Dialekt ohne Beachtung von Grammatik- oder Rechtschreibregeln. Hofer fiel zu jener Zeit durch demütige Gottergebenheit auf, er vertraute Bischöfen und Priestern stets mehr als weltlichen Lehrern, Vorgesetzten oder Machthabern. Jeder Tag – und später auch jede militärische Aktion – begann mit einer heiligen Messe, und am Abend wurde der Rosenkranz gebetet.

Aufgrund ständiger familiärer Streitigkeiten zog er noch vor seiner Volljährigkeit zu Hause aus und arbeitete gegen Kost und Logis bei verschiedenen Wirten und Weinhändlern, unter anderem auch im Norden Italiens, damals Welschtirol genannt. Im Laufe der Zeit eignete er sich gute Kenntnisse von Land und Leuten sowie der italienischen Sprache an. Schon bald engagierte er sich politisch, mobilisierte Gleichgesinnte und ermutigte sie, sich gegen Ungerechtigkeiten und Unterdrückung zu wehren.

1789 übernahm er den elterlichen Sandhof und tilgte die von seiner Stiefmutter angehäuften Schulden. Im selben Jahr ehelichte er die um zwei Jahre ältere Anna Ladurner, die er vermutlich auf einer seiner Reisen nach Meran kennengelernt hatte. Der zeitgenössische Heimatschriftsteller Beda Weber charakterisierte Hofers Auserwählte folgendermaßen: *Sie war eine verständige treue Frau von wenig Worten, aber desto tieferem Gefühle. Mit der größten Zärtlichkeit hing sie an ihrem Manne. Ihr stilles Wesen galt vielen für Stolz, andern für Schwermut, war aber keines aus beiden. Das stille ernsthafte Gebahren ist ein Erbteil ihres Hauses bis auf den heutigen Tag.*

Aus der Ehe gingen sechs Kinder, fünf Mädchen und ein Sohn, hervor. Anna arbeitete als Wirtin im Sandhof und agierte später auch als Verbündete ihres Gatten.

Ein Jahr später begann Andreas Hofers politische Karriere mit der Wahl zum Abgeordneten im Tiroler Landtag.

Eine schicksalhafte und folgenschwere Wende nahm das Leben des Wirtssohns im Jahr 1804, als er in seinem Gasthof auf den damals erst 22-jährigen Erzherzog Johann traf, der Tirol zu seiner Wahlheimat auserkoren hatte und dort mit der Vollmacht seines Bruders Franz II./I. das Landesverteidigungswesen organisierte. Die beiden Männer verstanden sich auf Anhieb großartig und steckten in der Folge immer wieder die Köpfe zusammen, um eine Lösung für das politische Desaster im Land zu finden.

Nach dem Frieden von Pressburg zwischen der Monarchie unter Kaiser Franz II. und Napoleon Bonaparte, der 1805 den dritten Koalitionskrieg gegen Frankreich beendete, stand Tirol unter der Herrschaft Bayerns. Es wurden zahlreiche Reformen durchgeführt, die auf Ablehnung in der Bevölkerung stießen. Für besonderen Unmut sorgte die Missachtung der „Landlibell" von Kaiser Maximilian I., welche als Teil der Tiroler Landesverfassung die Ausgestaltung des Militärwesens regelte, sowie die Wiedereinführung der josephinischen Kirchenreform, also die konsequente Unterordnung gesellschaftlicher Angelegenheiten unter die staatliche Verwaltung. Auch Eingriffe in das christliche Leben, wie ein Verbot von Metten, Prozessionen und Wallfahrten, führten zum säkularen Widerstand in dem tiefreligiösen Land. In diesem Zusammenhang wurden allerdings auch gegen Hofer kritische Stimmen laut, in erster Linie kritisierte man seinen „religiösen Fundamentalismus".

Zu Beginn des Jahres 1809 hielt sich Andreas Hofer in geheimer Mission in Wien auf und bereitete in Gesprächen mit Erzherzog Johann und Josef Freiherr von Hormayer, beide Mitglieder des patriotischen Alpenbundes, hinter verschlossenen Türen den Aufstand gegen Napoleons Kompanien vor. Im Mai desselben Jahres wurde er zum Oberkommandanten in Tirol ernannt.

Die brutalen Zwangsaushebungen von Rekruten für die bayrische Armee, bei denen nicht selten Kinder von 16 Jahren und darunter in die Armee gepresst wurden, führten schließlich zum Tiroler Volksaufstand, der am 9. April 1809 in Innsbruck begann und in dem Hofer als „vom Haus Österreich erwählter Kommandant" die Führung übernahm. Im Verlauf dieses Kriegs siegten die heimischen Truppen dreimal am Bergisel gegen Napoleons Soldaten und verloren zwischendurch einmal in Wörgl. Es standen sich dabei je rund 15 000 Schützen gegenüber – die Tiroler Kämpfer, die von ihrem Anführer Hofer mit dem markigen Spruch „Mandern, 's ischt Zeit" und einem Gebet in die Schlacht geschickt wurden, und die französischen Militärs, von ihren Befehlshabern mit einem „lá vous allez!" (= Los gehts!") angetrieben.

Nach dem dritten Sieg am Bergisel war fast ganz Tirol befreit und Andreas Hofer zog als Held in die Innsbrucker Hofburg ein.

Umgangssprachlich werden die Schlachten der tapferen Bauern und Handwerker unter ihrem Anführer, dem rebellischen Wirtssohn, noch heute als „Freiheitskampf" bezeichnet. Doch neben dem Ungehorsam gegenüber der Fremdbestimmung durch die Bayern und Franzosen sowie dem Festhalten an alten Werten wurden in dem Krieg auch rückständige Ansichten und Glaubensprinzipien verteidigt. So hat man sich der Pockenimpfung widersetzt und behauptet, die Besatzung wolle damit den Tirolern „bayrisches Denken" injizieren. Der biedere Traditionalist Hofer verbat auch beispielsweise nach dem ersten Sieg Feste und Bälle und verordnete per Dekret, dass „Frauenzimmer" Brust und „Armfleisch" zu bedecken hatten und nicht nur mit „durchsichtigen Hadern" bekleidet sein durften. Wirtshäuser hatten während der Gottesdienste geschlossen zu bleiben, damit kein Ungläubiger „saufet", wenn die braven Leute „beten täten". Auch war der Volksheld als „Werte-Erhalter" kein Fremdenfreund, so kam es etwa nach der ersten Schlacht auf dem Bergisel zu Ausschreitungen gegen einige Innsbrucker Juden.

Im Oktober 1809 wurde zwischen dem Habsburgerherrscher Franz II. und Napoleon Bonaparte der Friede von Schönbrunn geschlossen. Dieser Pakt besiegelte das Ende des Kriegs, nachdem der Franzosenkaiser nach der Besetzung Wiens im Juni in der Schlacht bei Wagram als Sieger hervorgegangen war. Dabei nahm Napoleon den Habsburgern die Hälfte ihrer Erbländer weg und rang Franz das Versprechen ab, seine Tochter Maria Luise ehelichen zu dürften. Die Prinzessin verabscheute den Feind jedoch zutiefst, da dieser ihren geliebten Vater mehrfach militärisch gedemütigt hatte, musste ihn jedoch im April 1810 tatsächlich in Paris heiraten und an seiner Seite in Frankreich regieren.

In Tirol blieb der Friede von Schönbrunn jedoch unbestätigt, galt sogar als Betrug, wodurch sich Andreas Hofer erneut herausgefordert sah und seine Truppen zu einem neuerlichen Aufstand motivierte.

Erzherzog Johann sah in dem Friedensvertrag eine „ohnmächtige Kapitulation" und gestand desillusioniert ein: „Wir hätten noch 300 000

Mann, und die Alpenländer warten nur auf das Zeichen zum Aufstand […] Den Tirolern hat man heilig versprochen, sie nie zu verlassen; jetzt werden sie vergessen, der Glaube an unsere Mittel, an unser Wort, fällt."

Er informierte die Tiroler brieflich von dem Ende des Krieges und riet ihnen, den Widerstand aufzugeben. Als ursprünglich treibender Initiator der Erhebung hätte er die Botschaft allerdings persönlich überbringen und Hofer von weiteren Kampfhandlungen abhalten sollen, zumindest wäre das ehrenhafter gewesen. Viele Tiroler waren vom Kämpfen ohnehin schon müde, und auch die meisten „Respektspersonen" im Land, etwa Geistliche und Bürgermeister, rieten den Rebellen von weiteren „Aufmüpfigkeiten" ab. Die Truppen standen, vom Kaiserhaus in Wien verlassen, nun völlig alleine da und mussten sich als illegale Kämpfer gegen eine gewaltige Übermacht behaupten. Doch einige – darunter Andreas Hofer – wollten nicht glauben, dass seitens des kaiserlichen Staatsoberhauptes keine Hilfe mehr zu erwarten war, und ließen sich von einigen Fanatikern zu einem weiteren Widerstand aufwiegeln. Der endete jedoch im November 1809 mit einer blutigen Niederlage der Freiheitskämpfer am Bergisel. Weitere verlustreiche Schlachten folgten, bis die Tiroler vor dem Gegner kapitulierten.

Andreas Hofer, der ambitionierte Verfechter von Recht und Gerechtigkeit, musste fliehen und sich vor dem Feind verstecken. Seine Frau hatte er angewiesen, den Sandhof mit den Kindern zu verlassen, sich von ihm fernzuhalten und das Weite zu suchen. Er selbst begab sich alleine auf die 1400 Meter hoch gelegene Pfandleralm. Anna jedoch entschied sich am Heiligen Abend 1809, ihrem Mann zu folgen, brachte die vier Töchter bei Bekannten unter und folgte ihm mit dem 15-jährigen Sohn Johann Stephan in die auf der Bergewiese befindliche Mähderhütte (Heustadl, in der das gemähte Gras gelagert wurde). Die Zeit in dem karg ausgestatteten Versteck war für die kleine Familie voller Entbehrungen. Die drei konnten kaum Feuer zum Heizen und Kochen machen, weshalb sich der Junge Erfrierungen an den Füßen zuzog, und es gab kaum Nahrungsmittel. In der kleinen Hütte wurde nahezu rund um die Uhr gebetet und Gott um Vergebung angefleht.

Im Morgengrauen des 28. Jänner 1810 stürmten rund 600 französische Soldaten überraschend den Unterschlupf und nahmen die drei Personen fest. Mutter und Sohn wurden bereits am übernächsten Tag entlassen, Anna kehrte in den mittlerweile geplünderten Sandhof zurück und Johann Stephan musste in ein Militärhospital gebracht werden. Andreas Hofer kam nach Mantua ins Militärgefängnis Porta Molina.

Denunziert worden war der Freiheitskämpfer vom Landwirt Franz Raffl, der das Versteck auf der Mähderhütte den Franzosen mitgeteilt und dafür 1500 Gulden erhalten hatte. Der nach seinem Verrat als „Judas von Tirol" beschimpfte Mann wanderte 1811 nach Bayern aus, wo er 1830 in Armut verstarb. Noch heute werden in Tirol hinterlistige Personen „Raffl" oder ihr Verhalten „rafflerisch" genannt.

Der in Mantua herrschende französische Vizekönig von Italien, Eugéne Beauharnais, wollte Hofer zuerst begnadigen, Napoleon befahl jedoch, den aufsässigen Tiroler unverzüglich zu exekutieren. Ein Kriegsgericht sprach über den Gefangenen im Palazzo d'Arco, wo sich heute eine Gedenktafel befindet, das Todesurteil aus. Dieses wurde am 20. Februar 1810 am Richtplatz vor der Zitadelle an der Porta Nuova im Norden der Stadt von einem Erschießungskommando vollstreckt. Die erste Gewehrsalve traf den Delinquenten in die Brust, der daraufhin auf die Knie fiel, die zweite ins Gesicht. Andreas Hofer lebte zu dem Zeitpunkt noch, woraufhin ihn einer der Soldaten mit einem Gnadenschuss direkt in die linke Schläfe von seinem Todeskampf erlöste. Im Jahr 1860 wurde am Ort der Hinrichtung ein Denkmal errichtet.

Hofers letzte Worte sollen „Franzl, Franzl, das verdank ich dir!" gewesen sein. Damit war jedoch nicht der Verräter Franz Raffl gemeint, sondern der Kaiser, der tatenlos zugesehen hatte, wie in Tirol die einfachen gottesfürchtigen Männer nach dem Frieden von Schönbrunn neuerlich gegen die übermächtigen napoleonischen Truppen in den Krieg gezogen waren. Um vor der aufgebrachten Tiroler Bevölkerung nicht komplett sein Gesicht zu verlieren, verwies er Erzherzog Johann des Landes. Des Kaisers Bruder bekam den Befehl, Tirol bis 1833 nicht mehr zu betreten, worauf er sich auf seinen Besitz in Niederösterreich zurückzog, um die Niederlage zu verarbeiten. Zugleich wohnte er immer häufiger in der Steiermark, wo er ausschließlich als Privatmann wirkte.

Andreas Hofers Leichnam wurde vorerst in Mantua auf dem Friedhof von San Michele beerdigt, doch Tiroler Kaiserjäger haben die Gebeine 13 Jahre nach der Hinrichtung des Volkshelden ausgegraben.

Das soll nach einem 1867 von dem Seelsorger Johann Franzelin, der einen der Beteiligten persönlich kannte, verfassten Brief folgendermaßen vor sich gegangen sein:

Seppi (der Kaiserjäger namens Stephan Seppi) *erzählte mir und dem Baron Peter Giovanelli auf unsere Aufforderung hin wiederholt die Geschichte jener Ausgrabung mit allen Nebenumständen. [...] „Am Tage vor unserer Abreise von Mantua in aller Frühe, als kaum der Tag graute, sagte der Hauptmann von Rosmini zu mir und zu meinem Kameraden aus Martell, dessen Namen ich nicht mehr weiß: ‚Heute müssen mir unsern Kommandanten Andrä Hofer ausgraben, um ihn mit uns zu nehmen.' [...] Er führte uns durch die Porta Mulina auf einen großen Platz hinaus, wo viele Kanonen aufgehäuft waren. Er hieß deshalb Piazza die Canoni. Von da gingen wir etwa 100 Schritte links und kamen zu einem kleinen Garten, welcher hart an der Festungsmauer lag und von drei Seiten mit einer niedern Mauer umgeben war. Dem Eingang gegenüber an der Festungsmauer sahen wir einen weißen Stein, etwa anderthalb Schuh hoch und neun Zoll breit, worauf einige schwarze Buchstaben geschrieben waren. Der Hauptmann sagte, die Inschrift laute: ‚Andrea Hofer Commandante die Briganti del Tirolo'. Hier hieß uns der Hauptmann graben und die gefundenen Gebeine in eine dazu bereit gehaltene hölzerne Truhe legen. Wir gruben etwa drei Schuh tief, als wir auf die Gebeine stießen. Von einem Sarg oder von beigegebenen Gegenständen war keine Spur vorhanden. Auch lagen nur die Gebeine von einem einzigen Leichnam dort. Wir fanden den Schädel, die Rückenwirbel, die Rippen, die Schulterblätter, das Becken, die Gebeine der Arme und Füße; nur die kleinen Rippen der Finger und Zehen fehlten; sie waren offenbar durch die Verwesung zerstört."*

Die jungen Männer und ihr Hauptmann Georg Hauger wurden für die „gesetzwidrige und willkürliche Öffnung des Grabes" getadelt, jedoch mit Rücksicht auf die mildernden Umstände nicht weiter bestraft. Es wurde ihnen allerdings offiziell erklärt, dass sie mit keiner Beförderung mehr rechnen konnten.

Die Gebeine Hofers wurden nach Bozen gebracht, von wo aus man sie im Anschluss an eine kriegsgerichtliche Untersuchung nach Innsbruck überführte. Dort lagerte das Skelett bis 1834 in einer Kiste im Servitenkloster, danach kam es endlich in sein heutiges Grab in der Hofkirche der Hauptstadt Tirols.

Kuriosum am Rande: Hofer nahm als Kommandant der Passeirer Schützen den Rang eines Majors ein, weswegen bei den späteren Mitgliedern niemals eine höhere Stellung existierte. Niemand sollte über Andreas Hofer stehen.

Nach dem Tod des Freiheitskämpfers wurde gegen den gastwirtschaftlichen Familienbetrieb ein Konkursverfahren eingeleitet. Seine Witwe Anna wollte den Sandhof aber retten und reiste nach Wien, um bei Kaiser Franz II. eine Gefälligkeit einzufordern. Mit geschundenen Füßen, in Passeirer Tracht und mit Zottelmütze erschien sie bei Hof und erhielt tatsächlich 2800 Gulden zur Abtragung eines Teils des Schuldenbergs und eine Leibrente in der Höhe von 500 Gulden jährlich. Zugleich setzte aber auch ein regelrechter „Sandsturm", also ein Run auf den Hof des Tiroler Volkshelden ein, sodass die Abbezahlung der Ausstände rascher als geplant gelang. Im selben Jahr erhielt Hofer posthum das Adelsdiplom.

Als Erster besuchte der bayerische Kronprinz Ludwig das Geburtshaus von Andreas Hofer und bat, mehr von dem Volkshelden zu erfahren. In der Folge kamen immer mehr Touristen und Reiseschriftsteller, die sich für das Leben des Freiheitskämpfers interessierten. Somit sicherten die tapferen Taten des erzkatholischen Tirolers, der stets in bestem Glauben und ohne Bigotterie oder Frömmelei handelte, letztendlich die Existenz seiner Familie.

Geehrt wurde Andreas Hofer unter anderem mit zahlreichen nach ihm benannten Straßen und Plätzen, Kapellen, Statuen und Denkmälern im ganzen Land. Außerdem haben viele Schriftsteller, Dramatiker und Drehbuchautoren seinem Leben Bücher, Bühnenstücke und Filme gewidmet. Darüber hinaus hat ihn Kaiser Franz Joseph in die Liste der „berühmtesten, zur immerwährenden Nacheiferung würdiger Kriegsfürsten und Feldherren Österreichs" aufnehmen lassen.

Im heutigen Restaurant und Museum Sandhof, das sich zwischen St. Leonhard und St. Martin am Eingang des Südtiroler Gebirgstals Passeier befindet, wird seit dem Jahr 2009 Andreas Hofers Leben und Wirken aus verschiedenen Perspektiven beleuchtet.

Und von der Hand die Binde
Nimmt ihm der Korporal;
Und Sandwirt Hofer betet
Allhier zum letzten Mal;
Dann ruft er: „Nun, so trefft mich recht!
Gebt Feuer! – Ach, wie schießt ihr schlecht!
Ade, mein Land Tirol!
Ade, mein Land Tirol!"

(Letzte Strophe des Andreas-Hofer-Lieds, verfasst 1831 von dem deutschen Dichter Julius Mosen.)

*

Unweit der Pfandleralm, heute ein stattliches Wirtshaus, befindet sich am oberen Rand der Bergwiese die Mähderhütte, in der sich die Familie Hofer einst vor dem französischen Feind versteckt hatte. Der Holzbau brannte im Jahr 1919 vollständig aus, wurde 1947 neu errichtet und mit einer Marmorplakette versehen, die an das historische Ereignis erinnert. Ebenfalls nicht vergessen kann diesen Aufenthalt offenbar Andreas Hofer selbst, der immer wieder rund um seine einstige Notunterkunft gesichtet wird. Wanderer sprechen von einer großen Lichtgestalt, die aufrecht über die Wiese schreitet, während andere wiederum in der Nähe der Hütte Pferdegetrampel und laute blecherne Töne wie Fanfarenstöße vernehmen. Seltener tauchen die beiden Phänomene gleichzeitig auf, aber immer werden sie eindeutig, vor allem von den Einheimischen, mit dem Freiheitskämpfer in Verbindung gebracht.
Ebenso ist Andreas Hofers Geist von Zeit zu Zeit an der Stelle seiner Hinrichtung in Porta Nuova anwesend. Er wurde dort bereits mehrfach als Schatten wahrgenommen, der bei Mondlicht auf das Denkmal des Volkshelden fällt. Gesehen wird dabei ein schwarzes Gebilde, das den

grauen Stein überzieht, wie eine durchsichtige Substanz. Sie schiebt sich ganz langsam über das Monument, als würde sie von einer weiter oben befindlichen Stelle aus darübergegossen, läuft über die Inschrift, hinunter zum Sockel, bis sie das komplette Denkmal einhüllt.

Darüber hinaus taucht der Tiroler auch bei seiner heutigen Begräbnisstätte in der Innsbrucker Hofkirche auf, und die Wahrnehmungen an diesem Ort sind sicherlich die skurrilsten und zugleich auch verstörendsten. Andreas Hofer ist in dem Gotteshaus seit 1834 im linken Seitenschiff bestattet, mit ihm liegen dort in steinernen Särgen drei seiner treuesten Mitstreiter: Josef Speckbacher, Joachim Haspinger und Kajetan Sweth. Ebenso seine letzte Ruhe gefunden hat an dieser Stelle Georg Hauger, der Hauptmann, unter dessen Kommando Hofers Skelett aus Mantua zurück nach Tirol gebracht wurde. Neben der Tatsache, dass der Freiheitskämpfer bereits mehrmals von Touristen erkannt wurde, als er bei den „schwarzen Mandern" beim Grabmal Kaiser Maximilians I. im Hauptschiff herumschlich, ist er nachts des Öfteren auch zu hören. Immer dann, wenn im Land Tirol ein großes Unrecht geschieht, das zu Lasten der Bevölkerung geht, oder auch wenn ein Verbrechen verübt wird, spielt der leidenschaftliche Verfechter von Moral und Ordnung in der Kirche ein Blasinstrument. Laut der Meinung von Kennern handelt es sich dabei um eine Tuba. Es ertönen voller Inbrunst erzeugte, aber falsch klingende Töne, meist gegen Mitternacht, die bis hinaus in den Burggraben, die Universitätsstraße und die Angerzellgasse dringen. Sie haben schon so manchen Bürger in Erschrecken versetzt, der beim Vorbeigehen nicht damit gerechnet hatte, dass um diese Uhrzeit Blasmusik aus dem geschlossenen Gotteshaus ertöne. Allerdings sind offenbar nur brave Katholiken aus der Innsbrucker Bevölkerung in der Lage, die Geräusche zu hören, denn weder Kirchenmänner noch Atheisten, Andersgläubige oder Stadtbesucher haben jemals über dieses Phänomen berichtet.

Napoleon Bonaparte (1769–1821)

Mit Magie vom Jenseits ins Diesseits

Der Kaiser, Diktator und General entstammte einer korsischen Familie und machte während der Französischen Revolution Ende des 18. Jahrhunderts als soldatisches Ausnahmetalent in der Armee Karriere. Der nur 1,68 Meter große Mann entwickelte sich während seiner Laufbahn zum klugen Strategen, gnadenlosen Rächer und machtbesessenen Herrscher. Besonders populär wurde der Feldherr durch das Kommando über die militärischen Unternehmungen in Italien und Ägypten. In seiner Funktion als Kaiser machte sich Napoleon einen Namen durch zahlreiche grundlegende Reformen, wie etwa die Schaffung eines modernen Zivilrechts, welche die staatlichen Strukturen Frankreichs bis heute prägen. Der Diktator starb im Exil auf der Insel St. Helena. Doch die machtvollen Energien des kleinen Franzosenkaisers schwingen bis heute und manifestieren sich hin und wieder zu düsteren paranormalen Phänomenen.

*

Napoleon wurde auf Korsika als zweiter Sohn von Carlo Bonaparte und Letizia Ramolino in eine Familie hineingeboren, die dem korsischen Kleinadel angehörte und für die Unabhängigkeit der Insel kämpfte. Die Klagen über die verlorene Freiheit, die französische Obrigkeit und die Opfer der Schlachten gehörten zu den ersten prägenden Einflüssen in Napoleons Kindheit. Napoleons Vater beugte sich endlich doch und konnte aufgrund seiner Zusammenarbeit mit den Franzosen königliche Stipendien für seine beiden ältesten Söhne erwirken. Für die anderen sieben Kinder sahen die Eltern keine nennenswerten Karrieren vor. Während der ältere Bruder Joseph in der Folge auf den Priesterberuf vorbereitet wurde, war für Napoleon eine militärische Laufbahn vorgesehen. Er verließ die Insel und ging auf eine Kadettenschule, wo der hinterwäldlerische, ungehobelte und schmächtige Korse als Außenseiter galt.

Napoleon interessierte sich besonders für die großen Helden der Geschichte wie Alexander den Großen und Julius Cäsar und war schon in jungen Jahren davon überzeugt, selbst einmal Großes zu vollbringen. Ursprünglich für eine Marinelaufbahn vorgesehen, prädestinierten ihn seine mathematischen Kenntnisse für die Artillerie. So kam Napoleon aufgrund seiner hervorragenden Leistungen in die renommierteste Militärschule des Landes, die sich in Paris befand. Endlich lernte er neben seiner Muttersprache Italienisch auch Französisch.

Nachdem sein Vater an Magenkrebs verstorben war, übernahm Napoleon die Rolle des Familienoberhauptes und kümmerte sich vor allem um die Erziehung seines elfjährigen Bruders Louis, um seine Mutter zu entlasten. Neben seiner Tätigkeit als Soldat in Ausbildung und den brüderlichen Pflichten widmete sich der stets ernste junge Mann in seiner Freizeit der Literatur und Schriftstellerei.

Während der Französischen Revolution von 1789 bis 1799 hoffte der patriotische Napoleon, der mittlerweile zum Leutnant befördert worden war, Korsika doch noch befreien zu können. Nach der versuchten Flucht Ludwigs XVI. mit seinen Kindern und seiner Gattin Marie Antoinette, einer Tochter Maria Theresias (die 1793 gemeinsam mit ihrem Gatten durch die Guillotine hingerichtet wurde), erklärte Napoleon seine Zugehörigkeit zu den Republikanern. Wegen zahlreicher Klagen über inkorrekte Vorgehensweisen und diverse Nachlässigkeiten wurde er kurz darauf aus der Armee entlassen. Als der Korse im Anschluss nach Paris reiste, um seine Wiedereinstellung zu erreichen, wurde er aus Mangel an Offizieren beim französischen Militär sogar zum Hauptmann befördert und machte er weiterhin Karriere.

Nach einer heftigen Romanze mit seiner Schwägerin Désirée Clary heiratete Napoleon im März 1796 die deutlich ältere Witwe Joséphine de Beauharnais, die über ausgezeichnete Kontakte zu einflussreichen Kreisen verfügte.

Zwei Tage nach seiner Hochzeit reiste Napoleon nach Nizza, um den Oberbefehl über die Streitkräfte im Italienfeldzug 1796 und 1797 zu übernehmen. Durch sein energisches Auftreten verschaffte er sich bald allgemeinen Respekt und er verstand es, die Begeisterung in der

Armee mit mitreißenden Ansprachen zu wecken. Er setzte außerdem verschiedenste Propagandamaßnahmen zur Festigung seiner Stellung ein, leistete beispielsweise systematische Pressearbeit. Nach zahlreichen Schlachten führte der resolute Feldherr seine Soldaten zum Sieg und erntete damit erstmalig uneingeschränkte Anerkennung. Als Napoleon beschloss, nicht nur militärisch, sondern auch politisch eine Rolle zu spielen, weckten seine wachsende Popularität, sein unerschütterliches Selbstbewusstsein und seine teilweise eigenmächtige Handlungsweise zunehmend Misstrauen bei der herrschenden Regierung. Allerdings war sie machtlos angesichts der Verehrung, die dem ehrgeizigen und tatkräftigen Korsen aus der Bevölkerung entgegenschlug. Dieser befürchtete indes, dass sein Ruhm bald wieder verblassen würde, wenn er nicht neuerlich erfolgreich militärisch tätig würde. Auf sein Drängen hin wies ihm das Direktorium eine neue Aufgabe zu und erteilte ihm das Kommando bei der Eroberung Ägyptens.

Dort begann Napoleon sofort damit, das Land zu reformieren und gründete mithilfe einiger mitgereister Experten in Kairo eine Bibliothek, die den Grundstein für die spätere Ägyptologie legte. Im Laufe der Expedition wurde auch der Stein von Rosette gefunden, der später zur Entschlüsselung der Hieroglyphen diente. Napoleon wurde in Ägypten allerdings nicht als Befreier angesehen und bejubelt, sondern als ungläubiger Eroberer gefürchtet und bekämpft. Ein Aufstand in Kairo musste gewaltsam niedergeschlagen werden. Im Jahr 1799 verließ der Feldherr Ägypten, nachdem die französische Armee durch die Pest stark dezimiert worden war und sich überdies die außenpolitische Lage in Europa im Zuge des Zweiten Koalitionskriegs und damit einhergehend die innenpolitische Krise in Frankreich zugespitzt hatte.

In Frankreich spielte das Scheitern der Expedition im fernen Afrika keine große Rolle – das Volk jubelte Napoleon begeistert zu, als er durch Frankreich nach Paris reiste. Viele Bürger erhofften sich von ihm die Wiederherstellung des Friedens und eine neue Regierung anstelle der korrupten Machthaber, die das Land abgewirtschaftet hatten. In der Folge wurde der mittlerweile 30-jährige Feldherr nach einem Staatsstreich quasi zum Alleinherrscher gemacht – gewählt als Erster Konsul mit weitreichenden Vollmachten auf zehn Jahre. Er erfüllte in dieser Position den Wunsch der Franzosen, die Errungenschaften der

Revolution wie die Rechtsgleichheit und Abschaffung von Privilegien zu erhalten und das Land zugleich vor Unruhen zu bewahren.

Im Jahr 1802 gelang es Napoleon, durch Friedensverträge mit Österreich, Russland und Großbritannien, den Zweiten Koalitionskrieg zu beenden. Im selben Jahr gründete er die Ehrenlegion, einen Orden, der für militärische und zivile Verdienste, besondere Talente und außergewöhnliche Tugenden verliehen wurde.

Aufgrund der innen- und außenpolitischen Erfolge gelang es dem zielstrebigen Korsen, sich 1802 vom Volk zum Konsul auf Lebenszeit ernennen zu lassen. Im Anschluss führte er einige Reformen durch, die teilweise über seine Zeit als Herrscher hinaus Bestand hatten. Dazu zählten der Ausbau der Verkehrsinfrastruktur, die Gründung der französischen Zentralbank, die Trennung von Staat und Kirche sowie der Erlass des Gesetzbuches „Code civil" (Gesetzbuch zum Zivilrecht), das in einigen Ländern der Erde bis heute von Bedeutung ist.

Im Dezember 1804 krönte sich Napoleon in Anwesenheit von Papst Pius VII. in der Kathedrale Notre Dame in Paris selbst zum Kaiser. Er sah sich dabei als Herrscher des Volkes, nicht des Reiches. Mit dem Monarchentitel ausgestattet wollte er zunehmend Einfluss auf die künftige Gestaltung Europas ausüben. Während der ersten Konflikte in den internationalen Beziehungen, die sich aus seinem Alleingang ergaben, wandte sich Napoleon gegen Österreich. Im November 1805 gelang seinen Truppen die kampflose Einnahme Wiens, nachdem die heimische Armee vor den Franzosen kapituliert hatte. Danach lockte der Feldherr die Österreicher und Russen in eine Falle – er täuschte Schwäche innerhalb der eigenen militärischen Reihen vor und gewann dadurch die Schlacht bei Austerlitz. Im Dezember 1805 wurde daraufhin mit Österreich der Friedensvertrag von Pressburg geschlossen, wobei die Habsburgermonarchie Tirol, Vorarlberg und ihre letzten Besitzungen in Italien abtreten musste.

Um seine Machtposition abzusichern, betrieb Napoleon eine gezielte Heiratspolitik und besetzte wichtige Regierungsposten mit Geschwistern und vertrauenswürdigen Gefolgsleuten. Im Juli 1806 wurde in Deutschland unter der Protektion des geltungsbedürftigen Korsen aus 16 Ländern der „Rheinbund" gegründet, dessen Mitglieder sich zum Austritt aus dem Heiligen Römischen Reich und zur militäri-

*Durch die Alleen im Schlosspark Schönbrunn spazierte einst
Napoleon Bonaparte.*

schen Unterstützung Frankreichs verpflichteten. Aus diesem Grund legte der Habsburgermonarch Franz II. die Kaiserkrone des Heiligen Römischen Reiches nieder und wurde zu Franz I. von Österreich.

Nach der historischen Analyse hatte Napoleon kein wirkliches Konzept für die Neugestaltung Europas, vielmehr war unter anderem die Rheinbundpolitik Ausdruck seines unbedingten Machtwillens.

1806 marschierten die französischen Truppen in Berlin ein, nachdem die Preußen mit Russland paktiert und Napoleon zum Rückzug hinter den Rhein aufgefordert hatten. 1807 wurde der Frieden von Tilsit zwischen Frankreich, Russland und Preußen geschlossen, der mit dem Verlust etwa der Hälfte des Territoriums der Deutschen einherging. Beinahe ganz Kontinentaleuropa befand sich zu jener Zeit bereits unter der Herrschaft Napoleons. Gegen das weiterhin feindlich gesinnte Großbritannien initiierte der General einen europaweiten Handelsboykott.

In dieser Phase seiner Herrschaft duldete der despotische Diktator in keinem Bereich seiner Amtsführung mehr Einmischung oder gar Kritik. Er verschärfte außerdem die Zensur der Presse, schränkte die künstlerische Freiheit ein, beispielsweise per Theaterdekret, und trieb die Aristokratisierung und damit Privilegierung gewisser Personen voran.

Im Jahr 1806 wollte Napoleon Spanien unterwerfen, doch das Vorhaben misslang, woraufhin die Truppen Anfang 1809 wieder nach Frankreich zurückkehrten.

Kurz darauf marschierte der General mit seiner Grande Armée in Wien ein, konnte in der Schlacht bei Aspern im Mai 1809 jedoch von Erzherzog Karl von Österreich-Teschen aus dem Haus Habsburg und seinen Soldaten zurückgedrängt werden. Der Ausgang dieses Gefechts im Osten der österreichischen Hauptstadt stellte die erste Niederlage des Franzosenkaisers dar. Doch schon zwei Monate später siegte Napoleon gegen Karls Armee in der Schlacht bei Wagram. Im darauffolgenden „Frieden von Schönbrunn" musste die Monarchie auf rund die Hälfte seiner Erbländer verzichten und mit Frankreich ein Militärbündnis eingehen.

Im selben Jahr ließ sich Napoleon von seiner ersten Frau Joséphine scheiden, da sie ihm keine Nachkommen schenkte und sich darüber hinaus zahlreiche Seitensprünge „erlaubt" hatte. Der in seiner

Ehre schwer gekränkte Korse ließ der untreuen Gattin durch den Polizeiminister mitteilen, dass er sich von ihr trennen würde, woraufhin die Scheidung im Dezember vollzogen wurde. Mit ein Grund für die Trennung war die Schwangerschaft von Napoleons Geliebter, der polnischen Gräfin Maria Walewska, die er mit nach Wien gebracht hatte. Doch Napoleon wollte so rasch als möglich auch offiziell Vater werden und ging daher gleich wieder auf Brautschau – und schon kurz darauf hatte er eine Frau gefunden, die nicht nur privat, sondern auch politisch hervorragend zu ihm und seinem Erfolgskonzept passte.

1810 heiratete er zur Festigung des Bündnisses mit Österreich Prinzessin Maria Luise (in Frankreich umgetauft zu Marie Louise), die Tochter von Kaiser Franz I., der die Erlaubnis zur Verehelichung anfangs nicht erteilen wollte. Doch schon bald hatte ihn sein diplomatischer Berater und Leiter der Außenpolitik, Klemens Wenzel Lothar Fürst von Metternich, von den taktischen Vorteilen dieser Heirat überzeugt, sodass der Regent nicht mehr länger zögerte – immerhin erwartete er sich von dieser Verbindung den endgültigen Frieden mit dem ehemaligen Feind. Metternich beruhigte das schlechte Gewissen des österreichischen Kaisers mit den Worten: „Kann man zwischen dem Untergang einer ganzen Monarchie und dem persönlichen Unglück einer Prinzessin wählen?"

Die Ferntrauung wurde in der Wiener Augustinerkirche per procurationem (mit einem Stellvertreter für den Bräutigam) vorgenommen, da der Ehemann nach einem halben Jahr Aufenthalt in dem „unheimlichen Lande", wie er es nannte, bereits wieder in die Heimat abgereist war. An der Seite der 18-jährigen Maria Luise stand vor dem Altar kein Geringer als ihr Onkel Erzherzog Karl, der Ex-Widersacher von Napoleon, der in der Schlacht bei Wagram gegen ihn verloren hatte. Dieser musste miterleben, wie man seine Nichte mit dem „französischen Schurken" verheiratete, und selbiger konnte auf diese Weise das habsburgische Kaiserhaus ein zweites Mal demütigen.

Obwohl das Mädchen den um 21 Jahre älteren „Antichristen" und „Bedrücker Österreichs" verabscheute und die Ehe mit ihm als „eine schlimmere Qual als alle nur denkbaren Martyrien" empfand, musste sie sich der Staatsräson beugen. Aus der Ehe, die wider Erwarten sogar relativ glücklich verlief, ging 1811 der Thronfolger Napoleon II. Franz

Josef Karl Bonaparte, genannt „L'Aiglon" („der junge Adler"), hervor. Er verstarb 1832 kinderlos auf Schloss Schönbrunn in Wien.

Währenddessen hatte Napoleon bereits mit größeren Widerständen zu kämpfen. Ende 1810 war Zar Alexander I. von Russland aus wirtschaftlichen Gründen nicht mehr dazu bereit, sich an den von Napoleon verhängten Handelsboykott gegen Großbritannien, dem sich auch Österreich hatte anschließen müssen, zu beteiligen. Bonaparte bereitete sich daraufhin gemeinsam mit den Rheinbundstaaten, darunter gezwungenermaßen auch Österreich, auf einen Krieg vor. 1812 marschierte der Korse mit seiner etwa 500 000 Mann starken Grande Armée in Russland ein – es handelte sich dabei um das größte Aufgebot an Kämpfern, das es in Europa bis dahin gegeben hatte.

Es gelang den Franzosen, Moskau einzunehmen, doch es häuften sich in weiteren Schlachten die Misserfolge und der Zar verweigerte eisern die Verhandlungen. Napoleons Soldaten litten zunehmend an der extremen Kälte, an Hunger und Krankheiten, sodass der Diktator den verbliebenen 18 000 Männern schließlich zähneknirschend den Befehl zum Abmarsch erteilen musste. Er selbst war bereits zuvor nach Paris geflohen.

Napoleons Niederlage führte unter anderem dazu, dass sich bisherige Verbündete Frankreichs der Gegenseite zuwandten. Der Diktator stellte wutentbrannt eine neue Armee auf, die vorerst siegreich war im Kampf gegen die Abtrünnigen, erlitt jedoch in der Völkerschlacht bei Leipzig eine endgültige Niederlage.

Zugleich regte sich im Inneren Frankreichs erstmals seit Langem öffentlicher Widerspruch gegen das Regime. 1814 nahmen feindliche Truppen Paris ein, woraufhin der Senat die Absetzung des Kaisers verlangte. Napoleon dankte zugunsten seines Sohns ab und wurde auf die Insel Elba verbannt. Auf der Reise dorthin trug der Korse als Verkleidung den Mantel eines russischen Generals, da er Anschläge auf seine Person befürchtete. 1815 versuchte er neuerlich sein Glück, stellte Truppen auf und griff den Feind nahe dem belgischen Ort Waterloo an, doch er unterlag der Übermacht. Neuerlich dankte Napoleon ab und wurde wieder verbannt, dieses Mal auf die britische Insel St. Helena – alles, was ihm blieb, war die Erinnerung eines kleinen Mannes an große Taten.

Marie Louise war in der Zwischenzeit aus Frankreich in ihr Heimatland zurückgekehrt und zog an den Hof ihres Vaters Franz I. und dessen neuer Familie.

Napoleon starb 1821 im Exil, vermutlich an Magenkrebs, wie medizinische Befunde belegen. Verschwörungstheoretikern zufolge war der Kaiser jedoch von seinen Feinden sukzessive mit Arsen vergiftet worden. 1840 wurde der Leichnam exhumiert und die sterblichen Überreste des französischen Diktators und Generals im Pariser Invalidendom beigesetzt.

*

Napoleon residierte erstmals im Jahr 1805 und nochmals im Herbst 1809 im Schloss Schönbrunn, wo beim zweiten Zusammentreffen zwischen ihm und Kaiser Franz I. als Kaiser Österreichs Frieden geschlossen wurde.

Besonders gerne hielt sich Napoleon am Neptunbrunnen auf, der 1780 im Auftrag von Kaiserin Maria Theresia auf der Hauptachse des riesigen Parks (exakt in der Mitte zwischen dem Schloss und der Gloriette) erbaut wurde. Durch den Zufluss einer rechtsdrehenden Wasserader ist auch das gesamte Beckenwasser rechtsdrehend, was in der Geomantie (= Weissagung aus der Erde) bedeutet, dass der Ort „Energie gebend" und aufbauend wirkt.

Und genau diese magischen Kräfte erlauben es dem Franzosenkaiser offenbar, von Zeit zu Zeit vom Jenseits ins Diesseits zu wechseln. Möglicherweise handelt es sich dabei auch um Zeitsprünge, da hinter dem Neptunbrunnen angeblich ein Fenster in die Vergangenheit existiert.

Der kleine Korse und große General wird immer wieder von Parkbesuchern nahe dem Neptunbrunnen auf der „Rusten Allee" wahrgenommen, wie er dort mit strammer Haltung auf- und abmarschiert. Das Wesen ist als eine Art durchsichtige, gelartige Substanz zu sehen, die, wenn man sie berührt, in sich zusammenfällt und spurlos verschwindet.

Napoleon schien noch zu Lebzeiten seine Aufenthalte in Schönbrunn zu genießen, er zelebrierte seine höfischen Gebräuche und hielt vor dem Wiener Volk pompöse Paraden ab, um seine Macht innerhalb der Habsburgermonarchie zu demonstrieren. Während einer dieser Veranstaltun-

gen drängte sich ein Bursche namens Friedrich Stapß an Napoleon heran und versuchte ihn zu erstechen, „um die Welt von dem Tyrannen zu befreien". Als Napoleon den Attentäter fragte: „Würden Sie es mir danken, wenn ich Sie begnadigte?", antwortete der junge Mann: „Ich würde Sie doch zu töten suchen!" Stapß wurde daraufhin erschossen und die Angelegenheit sollte vertuscht werden. Durch eine Indiskretion in den Reihen der Vertrauten Napoleons kam sie allerdings ans Tageslicht.

Vielleicht wird der Diktator aus diesem Grund auch häufig mit einem Messer in der Brust gesehen, allerdings nicht beim Neptunbrunnen in Schönbrunn, sondern vor dem Riesentor des Stephansdoms. Er soll dort ab und zu erscheinen, auf Menschen, die ihn nicht rechtzeitig sehen, zuwanken und in sie hineinfallen. Augenzeugen, die darauf fasziniert bis hysterisch reagierten, berichten: „Während die Gestalt im eigenen Körper verschwindet, beginnt es überall zu kribbeln und der Geruch von saurem Atem hängt in der Luft." Nachwirkungen, wie etwa eine Besetzung durch den Geist, sind keine bekannt.

In Schönbrunn nächtigte Napoleon bei beiden Aufenthalten im sogenannten Gobelinsalon, in dem 1832 sein Sohn, Napoleon II. Franz Josef Karl Bonaparte, an Tuberkulose verstarb.

Seine damalige Geliebte, die polnische Gräfin Maria Walewska, quartierte er in einem nahegelegenen standesgemäßen Palais ein, das er zuvor beschlagnahmen und danach für sie herausputzen hatte lassen. Mit einer Kutsche wurde sie jeden Abend ins Schloss und von einem Diener durch eine Seitentür über eine Geheimtreppe (vielleicht sogar über die „Zuckerbäckerstiege") in die Gemächer Napoleons gebracht.

Tagsüber lustwandelte der Franzosenkaiser gerne durch die idyllische Parkanlage, hin und wieder hatte er dabei Maria Walewska an seiner Seite, die er kurz als „Vertraute" ausgab. Die polnische Gräfin, die er 1807 auf einem Ball in Warschau kennengelernt hatte, war zu diesem Zeitpunkt im zweiten Monat schwanger. Napoleon befand sich in ständiger Sorge um die zarte Frau und das ungeborene Leben in ihrem Bauch. Jeden Abend vor der Abfahrt zurück ins Palais fragte er den Kammerdiener Constant, ob der Wagen in einwandfreiem Zustand und der Kutscher nüchtern wäre, und bat ihn, dafür zu sorgen, dass die besonders holprigen Stellen auf den Wegen umfahren würden. Der gemeinsame Sohn, Alexandre Colonna-Walewski, kam im Mai 1810 in Paris zur Welt. *Napoleon bat Marias Mann, der sich schon längst von seiner Frau getrennt hatte, um die Anerkennung des Kindes, worauf dieser dem Knaben seinen Namen gab.*

Maria Luise, die Tochter von Kaiser Franz II./I., lag während dieses Aufenthalts Napoleons in Schönbrunn krank und voller Hass auf den „Usurpator" in der Hofburg in ihrem Bett darnieder. Als der zukünftige Ehemann der jungen Habsburgerin davon erfuhr, ließ er das Abfeuern der Salven verbieten, um die Erzherzogin zu schonen. Er verließ Wien im Oktober 1809 mit dem Versprechen von Franz I. im Gepäck, ihm seine Tochter zur Frau zu geben. Die Beziehung zu Maria Walewska beendete er dennoch erst im Jahr 1814.

Mit anderen Frauen hatte Napoleon weitere fünf uneheliche Kinder (beispielsweise mit Emilie Kraus von Wolfsberg, genannt „Hundsgräfin", die später im Schlösschen Rauchenbichlerhof in Salzburg einen privaten Tiergarten einrichtete, in dem ihre rund 160 Hunde aus Silbergeschirr speisten. Sie gebar ihren Sohn am 8. Mai 1810, Maria Walewska den ihren am 4. Mai 1810).

Und weil Napoleon in Schönbrunn beschlossen und verkündet hatte, aus polittaktischen Gründen die Tochter seines ehemaligen Widersachers heiraten zu wollen, obwohl Maria sein Kind unter dem Herzen trug, wandelt auch die polnische Gräfin als Spukgestalt durch den Schlosspark. Sie wird von Besuchern zumeist in der „Finsteren Allee" nahe dem Rosenwäldchen gesehen, allerdings nur schemenhaft. Die hübsche Frau mit dem kastanienbraunen gelockten Haar schluchzt in höchster Verzweiflung, während sie die Hände auf ihren Bauch presst. Sie schaut erschrocken auf, wenn Menschen, die sie sehen können, auf sie reagieren, und verschwindet dann im Nichts, während ihr lautes Weinen erst einige Sekunden später verklingt.

Warum Napoleon in Schönbrunn spukt, ist unklar. Möglicherweise weil er nie verwunden hat, dass er nicht das Privatleben führen konnte, das er gerne geführt hätte: mit seiner wahren Liebe Maria Walewska und dem gemeinsamen Kind.

Theresia Kandl (1786–1809)

Der Geist mit der blutigen Axt

Im Dezember des Jahres 1809, fünf Tage vor dem Heiligen Abend, erschlug die 23-jährige Greißlergattin Theresia Kandl ihren Ehemann Matthias im Schlaf in deren Wohnung mit einer Hacke. Im Anschluss stopfte die hübsche Frau, später die „schönste Mörderin Wiens" genannt, den blutüberströmten Leichnam in eine Obstbutte. Sie schleppte den Ermordeten unter größten Anstrengungen durch den eisigen Wintersturm bis zur Piaristengasse, wo sie geschwächt den Körper in den Schnee gleiten ließ und davoneilte. Theresia Kandl gestand die Tat bereits nach kurzem Verhör und gab als Motiv ihr Ehemartyrium an. Sie wurde zum Tod durch den Strang verurteilt und am 13. März 1810 bei der „Spinnerin am Kreuz" gehenkt. Um der Sünderin den Weg ins Jenseits zu erleichtern, errichtete man eine kleine Kapelle, die sich heute in der Breitenfurter Straße befindet. In deren Umgebung wird die „schönste Mörderin Wiens" seit Jahrzehnten immer wieder wahrgenommen – als schönes weißes Wesen mit kalter, blauer Aura.

*

Der Kriminalfall um die „schönste Mörderin in Wien" wurde in den Polizeiakten ausführlich dokumentiert: *In einer stürmischen Winternacht des Kriegsjahres 1809, am 20. Dezember, fanden Passanten der Piaristengasse am Gehsteige, mitten im Schnee, einen bis aufs Hemd entkleideten Mann. Sie traten hinzu, da sie ihn für einen Betrunkenen hielten, der sich seines Gewandes entledigt habe, gewahrten aber zu ihrem Entsetzen, daß der Körper steif und kalt sei. Der über und über mit Blut besudelte Kopf des Toten sagte ihnen, daß es sich um ein Verbrechen handle. Nun liefen sie, was sie konnten, um einen Wachsoldaten oder Polizeidiener zu finden [...]* Die diensthabenden Gerichtskommissäre

Albrecht und Seißer vom städtischen Kriminalgericht auf dem Hohen Markt, die von zwei Männern der k. k. Polizeidirektion Wieden über den Mord informiert worden waren, begaben sich unverzüglich zum Tatort. Dort fanden sie den Leichnam, der an der Mauer beim Tempel liegen sollte, jedoch nicht mehr vor. *Mit Mühe und nach vielem Umfragen erfuhren die Herren Albrecht und Seißer, daß der Leblose bereits zum Grundgericht nach Matzleinsdorf getragen worden sei [...],* wo die beiden Beamten Stunden später eintrafen – der Weg durch den eisigen Schneesturm war lang und beschwerlich gewesen. Sie erfuhren, dass es sich bei dem Toten um den Greißler Matthias Kandl vom Hungelgrund Nr. 9 (auch Hungelbrunn, ehemalige Vorstadt Wiens), im Haus „Zum (goldenen) Salzküfel" (heute Wiedner Hauptstraße 91–93) handelte. *Die bedauernswerte Gattin des Erschlagenen, die den Geschäftsmann erst ein Jahr zuvor geehelicht hatte, habe denselben, ebenso wie andere Zeugen, mit vollkommener Sicherheit erkannt und sei über das Geschehene untröstlich. Allem Anschein nach liege ein Straßenraub vor, denn Matthias Kandl sei einige Stunden, bevor man ihn fand, Schmalz einkaufen gegangen und habe 150 Gulden in Bankozetteln sowie eine Uhr und gute Kleidungsstücke mitgenommen. [...] Man berief einen Wundarzt, welcher an dem Körper nicht weniger als zehn „teils tödliche, teils mindere Wunden" feststellte.*

Während die Polizei nach den Tätern bei Wirten und in den Herbergen der Umgebung fahndete, vernahm man auf dem Hohen Markte die „Greißlerin vom Hungelgrund", Theresia Kandl, die mit großer Ruhe und Gelassenheit den Schmerz schilderte, der ihr von ruchloser Hand bereitet worden sei. Auch die Polizei stellte ihr einen glänzenden Leumund aus, nannte sie ein braves, friedfertiges Weib und berichtete, daß das Ehepaar im besten Einvernehmen gelebt habe.

Als der Bäckermeister Josef Werner aus Heiligenstadt nur Stunden nach der Tat vom Mord an dem Greißler erfuhr, begab er sich eilig in die Stadt und verlangte den Referenten Seißer im Fall des aktuellen Mordes zu sprechen. Der unterbrach sein Verhör von Theresia Kandl und bat den neuen Zeugen in seinem Büro, wo dieser ihm Folgendes mitteilte, während die Witwe nebenan wartete: *„Herr Richter, wenn Sie nicht wissen, wer den Kandl umgebracht hat, dann will ich es Ihnen sagen: Niemand anderer als die Kandlin selbst, die hier so ein heiliges*

Gesicht macht." Als Seißer empört Einspruch erheben und die junge, bildhübsche Frau, die so rührend um ihren verblichenen Gatten trauerte, verteidigen wollte, fuhr Werner fort: „*Die Kandlin ist eine schlechte Person. Sie hat schon im Jahr 1807 mit einem Fleischhauerssohne ein Verhältnis gehabt, [...] und ich bin überzeugt, daß sie es noch immer mit ihm hält. Und was mich in meinem Verdacht am meisten bestärkt, [...] nämlich daß sie die Tabakspfeife ihres Mannes gleich nach der Ermordung ihrem Bruder geschenkt hat. So was tut keine Person, der es wirklich schwer ums Herz ist.*"

Seißer, der dem Bäckermeister immer noch nicht so recht glauben wollte, fragte Theresia Kandl daraufhin nach einer etwaigen außerehelichen Beziehung. *Da ging eine ganz unerwartete Veränderung in dem Wesen der Frau vor. Aus der sanften, jugendlichen Person wurde plötzlich ein unheimliches, megärenhaftes Weib, dessen Augen nicht mehr de- und wehmütig dreinblickten, sondern giftige Pfeile auf ihr Gegenüber schossen, so daß der Untersuchungsrichter geradezu erschrak.* Theresia Kandl widersprach und leugnete heftig, wurde dabei aber derart ausfällig, dass Seißer die Frau kurz darauf für verhaftet erklärte und abführen ließ. Er holte seinen Kollegen Albrecht und beschloss, noch am selben Tag eine Hausdurchsuchung am Hungelgrund Nr. 9 durchzuführen. So betraten die beiden Ordnungshüter ein paar Stunden später und unter großem Aufsehen die Wohnung des Ehepaares Kandl, die sich oberhalb der Greißlerei befand.

Ihr erster Blick galt dem Bette des Getöteten. Hier brauchten sie nicht lange nach Beweismitteln zu suchen: An der Wand zeigten sich nämlich deutliche Blutspritzer, von denen die meisten verwaschen waren. Es handelte sich also um Spuren, die zu verwischen jemand ein lebhaftes Interesse hatte. Man untersuchte hierauf das Bett selbst und stieß alsbald auf die Kleider des Greißlers, von denen man bisher angenommen hatte, daß sie von den Straßenräubern davongetragen worden seien. Nun konnte es keinen Zweifel mehr geben, daß Matthias Kandl nicht auf der Straße, sondern in seiner Wohnung, ja in seinem eigenen Bette, ermordet worden sei. Der Täter hatte sodann den Leichnam fortgeschafft und sich desselben in einem entlegenen Teile der Stadt, in der Piaristengasse, entledigt. Daß Frau Kandl der Bluttat nicht ferne stehen könne, war natürlich ebenso so sicher.

84

Dennoch nahmen die beiden Gerichtskommissäre die hübsche Frau weiterhin in Schutz und meinten, sie selbst wäre nie in der Lage gewesen, den schweren Körper ihres Mannes so weit zu tragen.

Zurück im Gerichtsgebäude konfrontierten die Herren Albrecht und Seißer die Inhaftierte mit ihrem Fund, *worauf die junge Frau einen Augenblick zitterte und keines Wortes mächtig war. Schon hatte sie sich wieder zusammengerafft und stellte jedes Verschulden in Abrede.*

Sie sollte daraufhin zu einigen Ergebnissen der Recherchen Stellung nehmen: Sie, Theresia Kandl, geborene Teppich, 23 Jahre alt, hatte als ganz junges Mädchen ein uneheliches Kind zur Welt gebracht, das nach 13 Tagen aus ungeklärten Ursachen ums Leben gekommen war. Es wurde in den Raum gestellt, dass ihre namentlich nicht bekannte Affäre der Vater sei, sie aber aus Gründen der finanziellen Sicherheit am 30. Oktober 1808 den Greißler Matthias Kandl heiratete – so erzählte man es sich jedenfalls in der Nachbarschaft des Ehepaars. Von Seißer immer mehr unter Druck gesetzt, nannte die junge Witwe den Namen ihres Geliebten, den sie des Mordes an ihrem Gatten bezichtigte: Michael Pellmann, Sohn eines Fleischhauers in Mauer. Sie gab an, nicht zu wissen, wo er wohnte, da er beim Militär diente und sich die meiste Zeit über in Kasernen aufhielt. Schon wenige Stunden später wurde der Mann gefunden und verhaftet. *Zunächst ahnte er gar nicht, dass seine Täterschaft erwogen werde. Er hörte erst jetzt, daß Kandl ermordet worden sei, welch entsetzlichen Verbrechens ihn Theresia bezichtigte und schäumte auf vor Zorn. Es sei zwar richtig, daß er vor und nach ihrer Verheiratung mit ihr sträflichen Umgang gepflogen, doch wäre er eines Mordes unfähig, und sei seine Liebe zur Kandlin keineswegs so heiß, daß er ihrethalben einen Menschen erschlagen würde.* Das Leugnen alleine hätte nichts genützt, doch Pellmann konnte ein hieb- und stichfestes Alibi vorweisen. Über diese Tatsachen informiert und nach weiteren stundenlangen Verhören gestand Theresia Kandl endlich, den Mord alleine begangen zu haben.

Unter Tränen beichtete sie, daß ihre Ehe mit Matthias Kandl unglücklich gewesen sei. Anfangs habe sie zwar in Eintracht mit ihm gelebt, bald aber hätte es immerwährend Streit gegeben. Der Gatte habe sie roh behandelt, und dies vermochte sie umsoweniger zu ertragen, als sie noch immer den jungen Pellmann liebte.

„Ausghoiden hob is nimma", soll Theresia im Vernehmungszimmer herzerweichend mit blinkenden Tränen in den großen blauen Augen geschluchzt haben.

Glaubt man den alten Vernehmungsprotokollen, handelte es sich bei der jungen Frau um eine überaus attraktive Person: *Von schlanker Leibesstatur hat sie ein langliches, sauberes Gesicht, schöne Nase, blaue Augen und blonde, rückwärts in einen Chignon geschlungene Haare.*

Das Wesen der Frau wurde vorerst als sanftmütig beschrieben, sie habe stets mit milder Stimme gesprochen und sei fortwährend um Contenance bemüht gewesen.

Doch der Gerichtskommissär Seißer schaffte es, die Schönheit der Mörderin zu ignorieren, und blieb während des gesamten Verhörs unerbittlich auf die Fakten konzentriert. Theresia Kandl, der bewusst wurde, dass von dieser Seite keine Hilfe mehr zu erwarten war, fuhr also sogleich mit ihrem Geständnis fort.

Auf solche Weise häufte sich in ihr ein unüberwindlicher Haß gegen den Gatten an. Am 19. Dezember fasste sie den Entschluss, denselben zu ermorden. Sie führte den gräßlichen Vorsatz noch an diesem Tage zwischen sieben und acht Uhr abends aus. Kandl hatte sie vor seinem Entfernen wieder mit Schlägen bedroht. Als er müde und schläfrig vom Einkaufen heimgekehrt war und sich zu Bette gelegt hatte, schlich sie leise heran und ließ eine Hacke oftmals mit Wucht auf den Kopf des Schlafenden niedersausen.

Es war geschehen und sie fühlte sich vor einer furchtbaren Last befreit, doch galt es, den Leichnam aus dem Hause zu schaffen. Niemand stand ihr mit Rat und Hilfe zur Seite. Am klügsten schien es ihr, wenn sie den Toten in einer der vielen im Geschäfte befindlichen Butten hinaustrüge. Aber wohin? Auch mutete sie sich nicht die genügende Körperschaft zu. Der Versuch mußte jedenfalls gemacht werden. Sie schleppte eine Obstbutte herbei und machte Anstrengungen, den schweren Mann hineinzuzwängen. Es gelang ihr wegen seiner Kleider nicht. Matthias Kandl hatte sich, wie er war, aufs Bett geworfen, um ein wenig auszuruhen. Zeit war keine zu verlieren, so entschloß sie sich, den Toten auszuziehen und bloß im Hemde in das Gefäß zu stecken. Mit unsäglicher Selbstüberwindung brachte sie dieses weit schaudervollere Werk zuwege. Dann hob sie die Butte auf. Vor Aufregung sank sie jedoch wiederholt nieder. Die Verzweiflung und Angst gaben ihr schließlich die Kraft, daß sie ihre Bürde aus dem Hause schaffen konnte.

Und nun ging sie kreuz und quere, sie wußte nicht wohin, sie hatte kein Ziel, sondern bloß den einzigen Gedanken, sich des Leichnams zu entledigen. So kam sie in die Josefsstadt. Dort drohten ihre Füße zu versagen. Sie lehnte sich völlig erschöpft an eine Mauer. Ein Polizeidiener fragte sie, ob ihr übel sei und wohin sie ihre schwere Last trage. Sie bebte an allen Gliedern. Wenn sie hier zusammenbräche? Wenn man den Inhalt der Butte entdeckte? Sie sammelte ihre letzten Kräfte und ging weiter. In der Piaristengasse konnte sie nicht mehr. Wieder lehnte sie sich an ein Haus und hielt Umschau. Hier wollte und musste sie den Toten absetzen. Sie blickte ängstlich nach links und nach rechts und auf die Fenster der Häuser, bis sie ein Taumel der Verzweiflung erfasste. Rasch ließ sie die Butte herabgleiten, stülpte sie um und rannte mit dem leeren Gefäß, was sie Beine tragen konnten, gegen Matzleinsdorf. Schweißtriefend langte sie zu Hause an; Nun erst war sie Witwe geworden.

Einen Plan zur Beseitigung der sterblichen Überreste hatte Theresia im Vorhinein offensichtlich gar nicht ausgeheckt, sie erkannte offenbar erst nach der Tat, dass sie sich des Leichnams irgendwie entledigen musste. Auf Theresias Angaben hin wurden in der Wohnung sowohl das Mordinstrument, die Hacke wie auch die blutige Butte gefunden.

Man konstatierte auch, daß wirklich einige liebe Nachbarn, wie die Mörderin es angegeben hatte, ihr fortwährend damit in den Ohren lagen, wie sie, eine so schöne Frau es denn nur über sich gebracht hätte, einen so ungebildeten, groben Mann zu heiraten. Solche unbesonnenen Reden trugen natürlich sehr dazu bei, die finsteren Pläne des Weibes zur Reife zu bringen.

Nach dem Geständnis blieben letzte Zweifel bei Seißer bestehen, da er die körperliche Kraft der Frau nicht so hoch einschätzte, als dass sie die Leiche alleine beseitigt haben konnte. Er erwog immer noch die Mittäterschaft eines Unbekannten, vielleicht eines weiteren Liebhabers. So stemmte Theresia, die zu diesem Zeitpunkt mit ihrem Leben bereits abgeschlossen hatte, in Gegenwart des Gerichtskommissärs als letzten Beweis eine Butte, die mit schweren Ziegelsteinen, vergleichbar im Gewicht mit jenem des Ermordeten, gefüllt war. Als sie dies unter größter Anstrengung schaffte und damit auch gehen konnte, waren die letzten Unklarheiten beseitigt. Seißer reichten die Beweise aus. Nur die Frage, warum sie den blutigen Anzug ihres Mannes und das besudelte Bettzeug behalten, die Wände aber gesäubert hatte, konnte oder wollte die Witwe jedoch nicht beantworten.

Die Untersuchung dauerte bis Mitte Februar, dann erging am „Peinlichen Gerichtshof" in der Schranne auf dem Hohen Markt nachstehendes Urteil: *„Die Theresia Kandl soll wegen Meuchelmordes nach Vorschrift des § 119 des Gesetzes über Verbrechen mit dem Tode bestraft, und diese Strafe gemäß des § 10 ebendaselbst an ihr mit dem Strange vollzogen werden."*

Am 13. März 1809 wurde der Mörderin das Todesurteil *deutlich vorgehalten und öffentlich kund gemacht. Damit war die schimpfliche Ausstellung auf dem Pranger verbunden. Eine unabsehbare Menschenmenge umgab das Schandgerüste, auf welchem Theresia Kandl die unzähligen Flüche und Spottreden hören mußte, die ihr die erbitterten Leute hinaufsandten. […] Nach der Ausstellung auf dem Pranger wurden die zum Tode Verurteilten, so auch Theresia Kandl, in die Arme-Sünderzelle gebracht, wo sie, drei oder oft mehr Tage, die Justifizierung vor Augen, in Gemeinschaft eines Geistlichen ausharren mussten.*

Die Hinrichtung wurde für den 16. März angesetzt. Da man mit großen Menschenmassen rechnete, wurden nicht weniger als 332 Mann Kavallerie und 32 Mann Infanterie zur Aufrechterhaltung der Ordnung aufgeboten. Um 8 Uhr früh fuhr der *„Malefizkarren" auf dem Hohen Markte vor, den die schöne Verurteilte schreckensbleich, aber aufrecht und gefasst, bestieg, um die lange Leidensfahrt zur Justizierungsstätte, der „Spinnerin am Kreuz", anzutreten. Um 10 Uhr langte man daselbst an. Die kaiserlichen Polizeikommissäre Hofbauer und Fröhlich sorgten für die Sicherheit des Freymannes* (= Henker). *Bald hatte Theresia Kandl ihr Leben ausgehaucht.*

Theresia Kandl war in Österreich die erste öffentlich am Galgen gehenkte und zugleich letzte Frau, die an der Hinrichtungsstelle „Spinnerin am Kreuz" (an der Triester Straße, Höhe Haus Nr. 52–54, in Favoriten) ihr Leben ließ. Die Exekution der „schönsten Mörderin Wiens" an der spätgotischen Bildsäule, die noch heute ein sagenumwobenes Wahrzeichen Wiens darstellt, bescherte den Wienern ein

Volksfest sondergleichen, das mit „Galgenbier" und „Arme-Sünder-Würstel" feuchtfröhlich gefeiert wurde.

„Gantz Wien war auf den Beynen", heißt es. Und weiter notierte Anton Ferdinand von Geusau in seinem *„Historischen Tagebuche"* von 1809: *Da man in Wien noch keine Weibsperson hatte hängen sehen war der Zulauf des Volkes unbeschreiblich! [...]*
Gespannt wartete man auf die schöne Mörderin mit den „kaiserblauen" Augen und dem langen, blonden Haar. [...] Bevor der Freymann ihr die Schlinge um den zarten Hals legte, soll sie sich noch einmal suchend umgesehen haben – vermutlich nach ihrem Geliebten.

Eine andere Version der Vorgänge rund um die „Spinnerin" zollt der Delinquentin weit weniger Respekt. Die Gedanken der Sünderin waren auch in ihren letzten Momenten auf ihr Aussehen gerichtet, so verlangte das eitle Weib, zu ihren weißen Sterbekleidern grüne Samtpantoffel zu tragen. *Chaotisch und schamlos soll es* später auf der Fahrt zum Galgen *zugegangen sein,* Theresia selbst habe die Stimmung mit Ausrufen wie *„Jessas, mei Haub'n „noch zusätzlich angeheizt und dem johlenden Publikum einen unvergesslichen Tag beschert.* Noch auf der „Sakrementsleiter" zum Strang fiel einer ihrer Pantoffel zu Boden, den sie mit dem Ruf *„Sö, mein Schuach verlier' i! Hörn'S net?"* verlangte, ihr wieder an den Fuß zu stecken.

Im Tagebuch des damaligen Praktikanten im k. k. Hof- und Landjägermeisteramt, Mathias Franz Perth, steht geschrieben:
Donnerstag, den 16. März. Nach ½ 8 Uhr verließ ich meine Wohnung und fand bereits alle Straßen der Stadt und Vorstädte, durch welche die zum Tode verurtheilte Theresia Kandl sollte geführt werden, mit einer unzähligen Menge Menschen besetzt. Entfernte Dorfbewohner kamen nach Wien. In meinem Leben sah ich nicht so viele Menschen, als wie heute bei dieser Execution. Um 8 Uhr erhob sich der Zug von dem Stadtgericht über den Hohen Markt, durch die Bischofgasse, Stefansplatz, Stock im Eisen, Kärntnerstraße, über die Wieden am Wienerberg hinaus. Sie behielt bis zum letzten Augenblick ihres Lebens alle Besinnung und Verstandskräfte, sie hoffte noch immer auf Begnadigung. Als Beweis ihrer vollkommenen Besinnung mag dienen, daß, als sie schon auf der

Leiter stand und der Henker ihren schönen weißen Hals entblößte, sie zu demselben mit ihrem letzten Atem *sagte: „Ihr werdet mich doch nicht ausziehen." Im nächsten Augenblicke hatte sie vollendet. So gut verstand der Henker seine Kunst.*

Erst bei Einbruch der Dunkelheit, gegen sechs Uhr abends, wurde der tote Körper der Mörderin abgenommen und vorschriftsmäßig am sogenannten „Selbstmörderfleck", wo auch gehenkte Verbrecher ihre letzte Ruhe finden konnten, sang- und klanglos verscharrt. Die „Galgenparty" der Schaulustigen mit viel Alkohol und jeder Menge selbstgerechter Sprüche dürfte sehr viel länger gedauert haben.

In seinem ehrlosen Grab blieb der kalte Körper von Theresia Kandl aber nicht lange, denn schon wenige Tage nach der Hinrichtung wurde die Leiche ausgegraben, obduziert und ihr Knochengerüst präpariert, das wenig später der Pfarrer von Engelhartstetten kaufte. Als der Nachlass des Gottesmannes versteigert wurde, erstand der Arzt Franz Hollstein das Skelett um 60 Gulden. Die sterblichen Überreste der Mörderin befanden sich bis 1924 im Familienbesitz des Mediziners und wurden auf einem Dachboden in Groißenbrunn bei Marchegg verwahrt – nahezu intakt, bis auf den Unterkiefer, der locker geworden und nach unten geklappt war. Danach übernahm die Gebeine der Käufer des Hauses, ein Lehrer namens Friedrich Dallinger, der sie in einem alten Schuppen auf dem Grundstück deponierte.

Nachdem das Skelett in Groißenbrunn jahrzehntelang ein unbeachtetes Dasein gefristet hatte, landete es nach einer Entrümpelung in den 1950er-Jahren im Niederösterreichischen Landesmuseum, das es dem Wiener Kriminalmuseum in der Leopoldstadt als Leihgabe überließ. Dort kann es derzeit besichtigt werden.

In Atzgersdorf, wo Theresia als Tochter eines Richters eine unbeschwerte Kindheit und Jugend verlebte, wurde zur Erinnerung an die schönste Mörderin Wiens nur kurz nach ihrer Exekution eine Kapelle erbaut, die ursprünglich an der Ecke Breitenfurter Straße/Hödlgasse stand. Im Jahr 1963 hat man das Bauwerk versetzt, weil es an der stark befahrenen Kreuzung ein Verkehrshindernis darstellte. Heute befindet sich die unter Denkmalschutz stehende Kandlkapelle in der Umzäunung des Campingplatzes Wien Süd in der Breitenfurter Straße 269, direkt an der Grundstücksgrenze, gegenüber vom Haus Breitenfurter Straße 198.

Es gibt aber noch eine zweite Mörderin mit dem Namen Theresia Kandl, die ebenfalls in Wien lebte. Rund 65 Jahre nach dem Mord an dem Greißler vom Hungelgrund tötete eine 24-jährige Dienstmagd am 24. März 1874 frühmorgens ihr neugeborenes Kind – ebenfalls in einem Gebäude mit der Hausnummer 9. Theresia Kandl gestand später im Verhör, dem Baby nach der heimlichen Geburt auf der Bodenstiege minutenlang den kleinen Mund zugehalten und es danach mehrmals mit viel Kraft gegen die Dachsparren gestoßen zu haben. Der Säugling erlag kurze Zeit später seinen schweren Verletzungen. Die junge Frau versteckte die Leiche auf dem Dachboden ihres Arbeitgebers Moritz Straßberger, im Haus Kleine Ankergasse Nr. 9 (heute Hollandstraße 12) in der Leopoldstadt, wo man sie nur wenige Stunden später in einen ausrangierten großen Kochtopf gestopft entdecke. Als Motiv gab das Dienstmädchen an, vom Vater ihres ermordeten Sohnes verlassen worden zu sein. Die Geschworenen verurteilten die Kindsmörderin zu fünf Jahren schwerem Kerker. Die Straßbergers zogen einige Monate später um, weil es in ihrem Haus, in dem der Säugling ermordet worden war, angeblich spukte. Sie überließen es im November 1874 dem „starken August" aus dem Wiener Prater, Alois Berger, der in den Räumlichkeiten auch als Fotograf arbeitete. Der verließ seine neue Wohnung allerdings auch bald wieder, weil „es dort unheimlich zuging", und zog in die Malzgasse.

*

Für die Mörderin vom Hungelgrund wurde nach ihrer Hinrichtung eine Kapelle errichtet, vermutlich, um der Sünderin den Weg ins Jenseits zu erleichtern. Das ist aber offenbar nicht gelungen, denn Theresia Kandl wird häufig nahe dem kleinen Sakralbau gesehen. Sie soll unter anderem nachts als weiße, grazile Gestalt, umgeben von einer kalten, blauen Aura spuken, dabei wispern und eine blutverschmierte Axt hinter sich herschleifen. Jüngere Personen nehmen das paranormale Phänomen als seltsames, aber dennoch menschliches Wesen wahr, sie sprechen von einer „komischen Frau" mit langem, blondem Haar in einem dunklen

Kleid mit einer dicken roten Strieme am Hals. Wenn die Kinder und Jugendlichen sie ansprechen wollen, verschwindet sie von einer Sekunde auf die andere. Die Erscheinung wird schon seit dem Ende des 20. Jahrhunderts immer wieder gesichtet und von verschiedensten Zeugen völlig identisch beschrieben.

Allerdings ist auch das Umfeld des Hauses, in dem das Skelett mit dem losen Unterkiefer auf dem verstaubten Dachboden vergessen wurde, von einem Geist befallen – glaubt man einigen Anrainern, die nachts in der Gegend mit ihren Hunden spazierengehen, und Gästen der Nachbarn. Nahe dem Grundstück soll die weiße Gestalt mit der blauen Aura in Vollmondnächten auf dem Weingartenweg rastlos auf und ab wandern, dabei mit weit aufgerissenem Mund unablässig den Kopf nach vorne und hinten sacken lassen und zugleich gurgelnde Laute ausstoßen. Einmal ist das Wesen direkt in ein Auto gelaufen, ohne dass man einen Aufprall hörte. Der Lenker des Wagens erlitt nach dem Vorfall auf dem Weg nach Marchegg eine Panikattacke und raste gegen einen Baum. Er überlebte den Unfall schwer verletzt, musste allerdings nach seiner Genesung sieben Monate auf einer psychiatrischen Station verbringen und erzählte dort immer wieder von einer Person, die mit herunterhängendem Unterkiefer frontal in seinen Pkw gelaufen und danach spurlos verschwunden sei.

Aber auch vor dem Haus mit der Adresse Hollandstraße 12, in dem die zweite Theresia Kandl ihr Kind ermordete, geistert es. Dort soll an jedem 24. März am frühen Morgen ein leises Schluchzen in der Luft liegen, gefolgt von leisem Babygeschrei. Während die Laute des Säuglings nach einiger Zeit abrupt abbrechen, geht das heftige Weinen in einen klagenden Singsang über, der erst im Laufe des Vormittags verebbt. Allerdings können diese Töne offenbar nur von jungen Mädchen wahrgenommen werden, denn Begleitpersonen, beispielsweise ältere Frauen oder auch Männer, hören im selben Moment außer den üblichen Stadtgeräuschen rein gar nichts. Ein Medium hat im Jahr 2010 mit der Kindsmörderin Kontakt aufgenommen, um ihr dabei zu helfen, ihren inneren Frieden zu finden. Theresia hat aus dem Jenseits übermittelt, dass sie von ihrem Dienstgeber sexuell misshandelt und vom Hausherrn vergewaltigt worden war und schwanger wurde. Moritz Straßberger habe sie gezwungen, das Kind zu töten und vor Gericht die Geschichte des Kindsvaters, der sie verlassen hatte, zu erfinden. Und nun, so das Medium, findet die gequälte Seele der Mutter, die aus Verzweiflung ihr eigenes Kind tötete, keine Ruhe und muss bis in alle Ewigkeit büßen und leiden, gequält von der Pein, der Schmach und ihrem Gewissen.

Ferdinand Raimund (1790–1836)

Eine umtriebige Spukgestalt

Geboren und gestorben in Häusern mit dem Namen „Zum goldenen Hirschen" war Ferdinand Raimund neben Johann Nestroy der Hauptvertreter des Alt-Wiener-Volkstheaters. Nach einem steinigen Weg auf die Bühne brillierte er endlich als Stückeschreiber, Schauspieler und Regisseur. Raimund war allerdings Choleriker und Hypochonder, litt an Schwermut sowie an der Angst, sich mit Tollwut anzustecken. In seiner Dauerverlobten Antonie Wagner fand er die große Liebe, auch wenn permanente Eifersüchteleien von beiden Seiten die Beziehung belasteten. Nach einem Biss seines Hundes erschoss sich der Dramatiker in einem Gasthof, in dem er auf dem Weg zum Arzt aufgrund eines nahenden Gewitters Quartier nehmen musste. Sein Geist irrt seitdem rastlos umher und erscheint an diversen Orten, die wichtige Stationen im Leben des „komischen Alten" darstellen.

*

Ferdinand Raimund (eigentlich Ferdinand Jakob Raimann) kam als Sohn von Jakob Raimann und Katharina Merz in Mariahilf Nr. 10 (heute „Raimundhof", Mariahilfer Straße 45) in einem Haus mit dem Namen „Zum goldenen Hirschen" zur Welt. Nachdem 1802 seine Mutter und 1804 sein Vater verstorben waren, musste er die Schule verlassen und begann eine Lehre beim Zuckerbäcker Jakob Jung. Der Knabe verkaufte am Nationaltheater, dem späteren Burgtheater, in den Pausen Süßwaren und Erfrischungen ans Publikum. Mit großen Augen verfolgte er dabei fasziniert jede Aufführung bis zum Schluss und genoss die Atmosphäre von Glamour, Popularität und großer, weiter Welt in vollen Zügen. Ergriffen von den traurigen oder heiteren Geschichten, die sich vor ihm auf der Bühne abspielten, prägte diese Zeit seine spätere Leidenschaft für das Schauspiel.

In seiner Autobiografie heißt es: *Als ich kaum fünfzehn Jahre alt war, entriß mir der Tod meine Eltern, und meine unbemittelte Schwester, welche mich zu sich nahm, konnte nicht fortsetzen, was jene für meine Bildung begonnen hatten. Man wollte mich zwingen, einen andern Stand zu wählen, als den eines Künstlers, aber ich konnte von meinen romantischen Träumen nicht lassen, und wollte lieber hungern, als meinem Entschlusse entsagen; ein Schicksal, welches mir im Anfange meiner Laufbahn reichlich zu Theil geworden ist.*

Besonders imposant fand Ferdinand den deutschen Charakterdarsteller Ferdinand Ochsenheimer, der im Mai 1807 in Wien gastierte und dessen Stil er einige Zeit lang bis ins kleinste Detail kopierte. Er stand stundenlang vor dem Spiegel und zerrte und zog an seinen Mundwinkeln, um die grimmige Mimik seines Idols nachzuahmen, suchte sich aber ebenso Vorbilder für komische Darstellungen.

Als der Zuckerbäcker den Verkauf im Theater aufgab, beendete Raimund das Lehrverhältnis und versuchte, als Schauspieler Fuß zu fassen. Aufgrund eines kleinen Sprachfehlers in Wien mehrfach abgelehnt, tingelte er von 1809 bis 1814 mit verschiedenen Schauspieltruppen durch Ungarn und feierte erste Erfolge auf einer Bühne in Ödenburg, wo ihn das Publikum in seiner Rolle als „komischen Alten" bejubelte.

Zurück in Wien trat er erstmals im Theater an der Josefstadt als Franz Moor in Friedrich Schillers „Die Räuber" auf, sein Durchbruch gelang ihm kurz darauf als eifersüchtiger Geiger Adam Kratzerl in der Alt-Wiener Posse „Die Musikanten am Hohen Markt". Raimund hatte sich endgültig von der Imitation gelöst und zu einem bewunderten Charakterdarsteller mit eigenem Stil entwickelt.

Mit Jahresbeginn 1916 übernahm Raimund zusätzlich die Regie und mutierte in dieser Funktion zu einem gefürchteten Ensemblemitglied und verpasste beispielsweise zu spät kommenden oder unkonzentrierten Darstellern hin und wieder sogar eine Ohrfeige.

Raimund werden zahlreiche Affären nachgesagt – die mit der verwitweten Schauspielerin Therese Grünthal endete im Mai 1818 in einer Schlägerei im Zuschauerraum des Theaters an der Josefstadt, da ihn die Angebetete wegen seines *aufbrausenden, groben Charakters* verließ und sich einem anderen Mann zuwandte. Raimund musste wegen *unsittlichen Kontakts zu einer Witwe* und ungebührlichen Verhaltens gegenüber ihrem neuen Verehrer für drei Tage in den verschärften Arrest.

Ende des Jahres 1818 verließ der Choleriker die Bühne an der Josefstadt und schloss sich dem Ensemble des Leopoldstädter Theaters an. Er begann selbst Stücke zu schreiben und entwickelte sich zum gefragten Komödienautor. In seinen Rollen, die ihm zu jener Zeit auf den Leib geschrieben wurden, vermischten sich Phlegma und Emotion, Grobheit und Gutmütigkeit, Witz und Dummheit, Naivität und Raffiniertheit – und das gefiel den Zuschauern!

Im September 1821 verlobte sich Ferdinand Raimund mit seiner großen Liebe Antonie Wagner, obwohl er zu jener Zeit noch mit der Soubrette Louise Gleich, der Tochter eines Schauspielkollegen, verheiratet war. Diesen Bund fürs Leben hatte er jedoch nur aus Dankbarkeit geschlossen, weil er von ihr während einer schweren Krankheit gepflegt und danach vom Wiener Publikum zur Hochzeit gedrängt worden war. Geliebt hat Raimund aber immer nur seine Toni, der er schon 1819 einen Antrag gemacht hatte, welcher von den Eltern der jungen Frau abgewiesen wurde. Er verabschiedete sich von seiner großen Liebe damals in einem Brief mit den Worten: *[…] ich opfere die letzten Reste meiner Zufriedenheit den Verhältnissen meiner Ehre, […] und so nehme ich denn vor den Gesetzen der Welt von Ihnen meine theure Antonie auf ewig Abschied, verzeihen Sie einem Menschen, den die bösen Mächte seines Schicksals lenken, streuen Sie durch das Bewußtsein Ihrer Freundschaft und Vergebung die letzten Blumen auf den Dornenpfad seiner Wanderung.*

Zum ersten Hochzeitstermin mit Louise Gleich zu Beginn des Jahres 1820 erschien der Dichter erst gar nicht – ein Skandal, da die junge Frau doch schwanger war (da die Soubrette nichts „anbrennen" ließ, zweifelte Raimund aber an der Vaterschaft). Er musste daraufhin vor seinem Publikum öffentlich Abbitte leisten. Geheiratet wurde dann im April 1820, die Tochter verstarb wenige Wochen nach der Geburt, die Scheidung erfolgte zwei Jahre später wegen unüberwindbarer Differenzen – die verbitterte Louise hat den Dramatiker später als „Zerstörer ihres Lebens" bezeichnet.

Nach der Verlobung mit Antonie Wagner schloss Raimund mit dem Theater an der Leopoldstadt einen Vertrag über zehn Jahre ab

Ferdinand Raimund erschoss sich aus Angst vor Tollwut in einem Gasthof in Pottenstein.

und wurde zum Regisseur ernannt. Er bekam 100 Gulden Wochenga-
ge und Quartiergeld, einmal jährlich die Einnahmen eines Abends und
250 Gulden zusätzlich. Er gehörte damit zu den „Großen" der Wiener
Bühnen – der Wert seiner Einnahmen ist mit heutigen Spitzengagen
vergleichbar. Ferdinand Raimund gab sich aber nicht mit der bloßen
Regiearbeit zufrieden und schrieb immer häufiger eigene Einlagen für
seine Rollen in die zugekauften Stücke. Er äußerte: *Mit unseren Dich-
tern geht es immer miserabler, sie betreiben ihre Kunst bloss um Geld
herauszulocken, nicht um Ehre zu ärnten und es ist zum verzweifeln,
was man für Schmierereyn lesen muß.*

Sowohl in der Rolle als Tragikkomiker als auch in der Funktion
des Bühnenautors strebte Raimund nach Höherem, er wollte dem
Publikum statt bloßer Unterhaltung echte Kunst bieten. Seine immer
kritischer werdende Einstellung dem Theater gegenüber äußerte er in
einem Brief an Toni wie folgt: *Es hat viele Leute im Theater gegeben,
die unaufhörlich nur auf die Miene des Kaisers, nicht auf die Komödie
geschaut haben, ich darf also dem Glücke dankbare Blumen streuen, daß
eine glückliche Verdauung vielleicht mir den Sieg über die ernste Miene
Seiner Majestät erleichtert hat. Von solchen Dingen hängt oft leider das
Glück eines Künstlers ab.*

Ab 1823 feierte Raimund große Erfolge mit seinen Märchen- und
Zauberspielen und entwickelte sich zum Klassiker des österreichischen Volksstücks, in dem er die Schönheit der Dichtung, gespickt
mit Lokalkolorit und sprachlichen Milieuskizzen – in Kombination
mit Humor, Romantik, Melancholie und zeitgenössischen Werten wie
Treue und Dankbarkeit – mit barockem Bühnenzauber verband. Raimund selbst war dabei der beste Darsteller der von ihm geschaffenen
komischen Charakterrollen.

Sein Freund Karl Ludwig Costenoble schrieb 1824 in sein Tagebuch: *Selbst in der muthwilligsten Laune verstößt er nie gegen die Schick-
lichkeit, weil seine Komik mit einer erhabenen Wehmuth verbunden ist,
die diesen Schauspieler nicht als einen Lustigmacher, sondern als einen
leidvollen Humoristen erscheinen läßt, der sein Herzweh durch Mittei-
lung lindern möchte.*

Im Sommer 1826 äußerte sich erstmals Raimunds panische Angst
vor der Ansteckung mit Tollwut – er brach daraufhin sogar ein Gast-

spiel in München überstürzt ab. Von dieser Phobie kam der Dichter bis zu seinem tragischen Ende nicht mehr los.

Im Jahr 1827 erkannten Antonia Wagners Eltern, Kaffeehausbesitzer, die Beziehung Raimunds zu ihrer Tochter an, woraufhin die beiden erstmalig offiziell ein Paar wurden und bis zum Tod des Dichters auch blieben – allerdings ohne Eheschließung, weshalb Toni auch als „lebenslange Verlobte Raimunds" bezeichnet wird.

Die Beziehung der beiden verlief allerdings nicht ganz unproblematisch, weil Tonis Kontakte mit den Kaffeehausgästen ihres Vaters ständig zu Eifersuchtsanfällen bei Raimund führten. Umgekehrt machte sie ihm regelmäßig wegen seiner berufsbedingten Zusammenarbeit mit hübschen Schauspielkolleginnen Vorwürfe.

Den Höhepunkt seiner Karriere als Autor und Schauspieler feierte Raimund 1828 mit „Der Alpenkönig und der Menschenfeind". Im selben Jahr wurde er künstlerischer Direktor des Theaters in der Leopoldstadt, dessen Eigentümer Rudolf Steinkellner ihn nach Personalproblemen jedoch mobbte. Als Grund für die angeblich fehlende Eignung und Integrität seines Angestellten gab er dessen Schlägerei im Jahr 1818 an.

Raimund ließ sich jedoch nicht so schnell vertreiben, kündigte aber zwei Jahre später genervt, als ihm Rudolf Steinkellner weiterhin das Leben schwermachte. Er bezog nach einem vorübergehenden Quartier in einem kleinen Häuschen im Prater, in der Jägerzeile Nr. 503, eine Wohnung im Kaffeehaus von Tonis Eltern. Danach gab der Künstler zahlreiche Gastspiele in Deutschland und konnte aufgrund seines guten Verdiensts 1834 eine Villa bei Gutenstein an der Piesting (Niederösterreich) kaufen, samt großem Grundstück mit Wiese und Wald, wohin er mit seiner Lebensgefährtin übersiedelte. Einer von seinen Urgroßvätern, Leopold Raimann, war der Pächter des Hofwirtshauses auf dem Mariahilfberg bei Gutenstein gewesen, weshalb der Dichter das Dorf schon in den Jahren vor seinem Hauskauf immer wieder besucht hatte. Einige Figuren seiner Stücke hatten Bürger von Gutenstein zum Vorbild – so erzählte man es sich zumindest. Als die Gegend 1833 überflutet wurde, sammelte Raimund Geld, das er angeblich höchstpersönlich unter den Betroffenen verteilte. Sein innigster Wunsch lautete, an diesem Fleckchen Erde begraben zu werden.

Er dichtete: *Dann mag sich meine Lebenssonne neigen, dann will ich in dein kühles Brautbett steigen. In deinem Schoß ruh' mein Gebein. Mein Grabmal sei in Gutenstein.*

Aufgrund seiner schwierigen Liebesgeschichte, der Hypochondrie und der immer wiederkehrenden Schwermut äußerte Raimund zu jener Zeit: „Ich bin zum Tragiker geboren, mir fehlt dazu nix als die G'stalt und 's Organ." Sein Freund Costenoble schrieb später in sein Tagebuch: *Der wird noch toll oder bringt sich um.*

Zeit seines Lebens kämpfte der Künstler mit seinem Jähzorn, der ihn zu so manch unbedachter Handlung verleitete, die er hinterher oftmals bereute. Besonders grantig wurde er, wenn jemand eines seiner Stücke ohne seine Erlaubnis aufführte, sodass er diesbezüglich manchmal prophylaktisch Zeitungsanzeigen verfasste. So ließ er etwa 1834 folgenden Absatz drucken: *Da ich beschlossen habe, mein neuestes Stück: „Der Verschwender", zu einer Kunstreise zu benützen, so sind jetzt noch keine Abschriften davon zu beziehen. Ich warne jedoch Theater-Directionen vor widerrechtlicher Aufführung desselben; indem ich sonst gezwungen wäre, eine Summe als Schadenersatz zu fordern, welche den Gewinn dieser unrechtlichen Speculation übersteigen würde.*

Nicht selten äußerte sich der Künstler in seinen Werken auch gesellschaftskritisch, so beispielsweise lässt er seinen Valentin Holzwurm im Stück „Der Verschwender" singen: *'s gibt nichts Dummers als die Jagd.* Während er die Strophen zu dem Lied ersann, wohnte er in Gaaden, im Gästehaus des Stiftsgasthofes „Zum goldenen Kreuz" in der Nähe der Kirche (Heiligenkreuzer Straße 1), um das Ende seines „unbegreiflichen Nerventraums" (womit wohl ein depressiver Schub gemeint war) abzuwarten. Er fand dort in der „pittoresken Gegend", umgeben von einem *biederen, fröhlichen Volk, das seine alten Bräuche treu bewahrte*, wieder neue Freude und Anregungen. Von seinem Quartier aus beobachtete er durchs Fenster eine adelige Jagdgesellschaft beim Aufbruch und zog daraus seine Schlüsse, die er niederschrieb. Später stieg in dem Stiftsgasthof häufig Kronprinz Rudolf mit Freunden und verschiedenen „Damen" ab. Tagsüber erlegte er Rehböcke und abends trank er „in der guten Stube" das eine oder andere Glas Wein und genoss dazu seinen geliebten „Gaadener Schmarren".

1835 tauchte Ferdinand Raimund kurz aus seinem Stimmungstief auf und plante einige neue Stücke, von denen außer den Titeln („Der Wanderer", „Eine Nacht auf dem Himalaja") allerdings nichts überliefert ist. Am 1. Mai 1836 stand der Dramatiker während eines Gastspieles in Hamburg zum letzten Mal in seinem Stück „Der Verschwender" als Valentin auf der Bühne. Raimund war an diesem Tag nicht in Höchstform und wurde ausgebuht, was ihm schwer zu schaffen machte. Er beschloss, die Schauspielerei an den Nagel zu hängen.

Kurze Zeit vor seinem Tod hielt sich Raimund im Badener Theater auf, in dem sein Stück „Der Alpenkönig und Menschenfeind" aufgeführt wurde. Er war während der Vorstellung sehr unruhig, brummte Unverständliches und fuhr sich ständig unwirsch durchs Haar. Der anwesende Direktor fürchtete bereits herbe Kritik vom Meister. Jedoch erhob sich Raimund nach der Aufführung, ging zur Bühne und lobte die Darsteller. Auf die Frage hin, wie es ihm gehe, antwortete er: „Schlecht geht's mir, miserabel. Alles, was ich anschaue, ist mir zuwider. Ihr werdet sehen. Meine Herren, der alte Komödiant hat fast ausgespielt. Ich steh' schon auf der letzten Szene, bald wird der Vorhang fallen! Ich werd' bald oben oder bei dem schwarzen Herren da drunten ein ewiges Engagement erhalten." So steht es in den „Memoiren des patriotischen Volks- und Theaterdichters Karl Meisl" geschrieben.

Nur wenige Wochen später setzte das Schicksal seinen Hobel an: Raimund versuchte sich auf der Reise von Gutenstein nach Wien, auf dem Weg zu einem Arzt, das Leben zu nehmen, nachdem ihn sein Hund gebissen hatte. Der Künstler befand sich in der panischen Überzeugung, das Tier wäre an Tollwut erkrankt. Auf der Fahrt nächtigte der Dichter aufgrund eines nahenden Gewitters in Pottenstein im Gasthof „Zum goldenen Hirschen" (Raimunds Sterbehaus am Hauptplatz Nr. 6). Gegen 15 Uhr am Nachmittag schickte er Toni zum Brunnen, um ihm Wasser zu holen, schob sich seine Pistole in den Mund und drückte ab.

Der große Dichter verstarb trotz ärztlicher Betreuung durch den Badener Arzt Anton Rollett, der vom Wirt des Gasthofs sofort herbeigerufen worden war, am 5. September 1836 an den Folgen seiner Verletzung. Und so atmete Ferdinand Raimund in einem Haus ein letztes Mal aus, das den gleichen Namen hatte wie das Haus, in dem er 46 Jahre zuvor das erste Mal eingeatmet hatte: in einem Haus mit dem Namen „Zum goldenen Hirschen"!

Beerdigt wurde Ferdinand Raimund ohne seine Hirnschale. Die behielt Rollett nach der Obduktion als Souvenir. Später gelangte der Schädelteil in den Besitz von Antonie Wagner, die ihn bis kurz vor ihrem Tod im Strohsack ihres Bettes aufbewahrte. Nach einer weiteren Odyssee konnte er 133 Jahre nach Raimunds Tod im Jahr 1969 endlich mit seinen Gebeinen am Bergfriedhof in Gutenstein vereint werden. Ein Gipsabguss der Hirnschale ist im Badener Rollettmuseum ausgestellt.

Als Darsteller schlüpfte Raimund in über 170 Rollen und schrieb neben einigen Gedichten acht große Stücke, darunter „Der Bauer als Millionär", „Der Alpenkönig und der Menschenfeind" sowie „Der Verschwender", die als „Spiegel der Wirklichkeit" richtungsweisend waren für die Entwicklung des Volksstücks und der Dramatik im 20. Jahrhundert.

Ferdinand Raimund wurde nach seinem Tod mit zahlreichen Ehrungen bedacht, etwa mit der Benennung einer Gasse und des Raimundtheaters in Wien. In Gutenstein befindet sich eine Gedenkstätte an der Hauptstraße. Ab 1972 zierte sein Konterfei die österreichische 50-Schilling-Banknote.

*

Schenkt man den zahlreichen Beobachtungen der Augen- und Ohrenzeugen Glauben, zählt Ferdinand Raimund wohl zu den umtriebigsten Geistern Österreichs.

Ein paar Bewohner des Wiener „Raimundhofs", wo sich einst das Geburtshaus Raimunds „Zum goldenen Hirschen" befand, haben von einer Gestalt berichtet, die eindeutig wie der bekannte Dramatiker aussah.

„Der Mann ist mit griesgrämiger Miene in den Innenhöfen herumspaziert, hat sich alles genau angeschaut und immer wieder den Kopf geschüttelt", so einige der Augenzeugen. „Aber das Schrägste war diese durchscheinende goldene Hülle um ihn herum. Sie hat ausgesehen wie eine Folie, die immer wieder wie durch einen Luftzug aufgebläht wurde, und es war dabei auch ein Rascheln beziehungsweise Knistern zu hören. Verschwunden ist das Gebilde erst, wenn man das Wesen angesprochen hat."

In dem Gebäude hat sich am 26. Jänner 1874 auch ein scheußlicher Mord ereignet, und zwar an der Dienstmagd Viktoria Moldaschel. Der Kopf der Frau war mit einem Amboss förmlich zu Brei geschlagen worden, die Küche, in welcher der Wohnungseigentümer Anton Lencig das Opfer fand, schwamm im Blut. Die Tat konnte nie aufgeklärt werden, weshalb die grauenvollen Schreie der erschlagenen Frau in manchen Nächten durch die Höfe hallen.

Und obwohl Ende der 1980er-Jahre eine grundlegende Restaurierung des Durchhauses (Verbindung zur Windmühlgasse 20, mit Einkaufspassage) erfolgte, spukt es dort nach wie vor.

Beim ehemaligen Gasthof „Zum goldenen Hirschen" am Hauptplatz in Pottenstein handelt es sich um einen zweigeschossigen Gebäudekomplex, dessen Kern noch aus dem Mittelalter stammt. Rund um dieses Eckhaus ist hin und wieder dasselbe Phänomen wie beim Wiener „Raimundhof" zu beobachten.

Eine Art „Rumpelstilzchen" hingegen geistert in Wien Neustift, und zwar genau an der Stelle im Weinberg, an der sich der Dichter im Jahr 1821 mit Antonie Wagner verlobt hat und die durch eine Tafel gekennzeichnet ist. Schon viele Spaziergänger und Wanderer sind dort fast zu Tode erschrocken, als wie aus dem Nichts ein Mann mit zerzauster Frisur auftauchte, der vor der Tafel stand und mehrmals hintereinander mit einem Fuß fest auf dem Boden aufstampfte. Danach verschwand die Gestalt auf so rätselhafte Weise, wie sie zuvor aufgetaucht war.

Aber auch in Baden ist der Geist von Ferdinand Raimund unterwegs: Während eines seiner Gastaufenthalte in der Kurstadt ging er mit seiner Dauerverlobten, die ihren Freund aufgrund möglicher „Don Juanerien" auch auf seinen Tourneen kaum aus den Augen ließ, in den Weinbergen spazieren. Es handelte sich um die Gegend zwischen dem Friedhof und der heutigen Umfahrung. Dort verlor die junge Frau eine Münze, die sie an einer Schnur um den Hals getragen hatte – es handelte sich um ein Geschenk ihres Bräutigams. Erzeugt worden war die Medaille im Jahr 1826 von dem Künstler Joseph Lang als Anerkennung für das in diesem Jahr von dem Künstler geschaffene Stück „Der Bauer als Millionär". Sie zeigte das Porträt Raimunds mit der Namensunterschrift.

Die beiden hielten damals stundenlang Ausschau nach der Münze, konnten sie jedoch nicht mehr finden. Raimund verlieh seiner Enttäu-

schung über den Verlust dieses Andenkens in einem Brief Ausdruck. Nach seinem Tod suchte Toni die Badener Weinberge erneut nach dem Erinnerungsstück ab – vergeblich. Erst 70 Jahre später entdeckte ein Hauer die Raimund-Medaille in der Erde auf seinem Weinberg und verkaufte sie teuer an einen Sammler.

Und seit eben jener Zeit wird auf der Halsriegelstraße nahe dem jüdischen Friedhof häufiger von Spaziergängern eine Gestalt wahrgenommen, die dort mit auf dem Rücken verschränkten Armen und den Blick zu Boden gerichtet herumschleicht. Sie ist ganz eindeutig nicht aus unserer Zeit, wirkt irgendwie durchscheinend und „verwaschen", so die Augenzeugen. Da die meisten Menschen, die sich in der Gegend aufhalten, mit Hund unterwegs sind, ist die überirdische Gestalt nie lange zu sehen, da sie sich in Luft auflöst, sobald eines der Tiere auf sie zuläuft.

Anton Bruckner (1824–1896)

Das hustende Schattenwesen

Anton Bruckner ist ein bedeutender Komponist, Organist und Musikpädagoge in der Wiener Ära der Romantik, der durch seinen Einfluss zahlreiche geniale Tonkreationen der folgenden Jahrzehnte prägte. Doch so souverän der Künstler beruflich war, so verklemmt trat er privat auf – Bruckner hatte kaum Beziehungen zu Frauen und litt unter erheblichen Angststörungen und Zwangsneurosen. Besonders geprägt und seine wahnhaften Vorstellungen verstärkt hat der Wiener Ringtheaterbrand im Jahr 1881, bei dem offiziell 384 Menschen ums Leben kamen. Der Musiker hatte sich für jenen Abend Karten besorgt, blieb dann aber aufgrund einer Erkrankung der Vorstellung fern. Er musste vom Fenster seines Wohnhauses, das ans Theater angrenzte, die Katastrophe mitansehen. Und genau dort treibt sich die Spukgestalt von Anton Bruckner herum und betrauert bis heute die Opfer der Feuersbrunst.

*

Anton kam als ältestes von zwölf Kindern des Lehrers Anton Bruckner und dessen Ehefrau Theresia im oberösterreichischen Ansfelden zur Welt. Er hat, so erzählte man es sich zumindest, bereits als Baby sofort zu weinen aufgehört, wenn die Mutter auf dem Spinett spielte. Im Alter von vier Jahren musizierte Toni bereits täglich auf der Kindergeige, etwas später erhielt er Violinen- und Klavierunterricht. Daneben war das „Predigt halten" vor der Familie, wofür der Junge auf den Küchentisch kletterte, eine seiner Lieblingsbeschäftigungen.

Da der Vater sein mageres Gehalt als Pädagoge und Kirchenorganist durch seine Tätigkeit als Spielmann bei den Dorffesten aufbesserte, lernte auch sein Sohn schon früh die durchaus nicht einfache Kunst des „Landlergeigens" gründlich kennen.

Bereits mit zehn Jahren setzte sich der kleine Anton an die große Kirchenorgel und begleitete musikalisch die Sonntagsmessen. Die unbeschwerte Kindheit endete, als der Vater schwer erkrankte und der Knabe einige Aufgaben von ihm übernehmen musste. Damals zeigte sich erstmals Antons Hang zur Schwermut, den er von der Mutter geerbt hatte.

Anton Bruckner senior starb, als sein ältester Sohn gerade einmal 13 Jahre alt war. Die Mutter schickte ihren talentierten Jungen als Sängerknaben ins Stift Sankt Florian. Dennoch entschied sich dieser für den Lehrerberuf, zog 1841 nach Windhaag und unterrichtete schon bald an der Dorfschule. Da Bruckner dort allerdings nur eineinhalb Kreuzer pro Stunde verdiente, spielte er nachts auf Festen zum Tanz auf, so wie einst sein Vater. Schon bald kam es an der Schule zu Streitereien mit seinem Vorgesetzten, da er seinen Pflichten nicht zufriedenstellend nachkam.

Im Jahr 1845 legte er dennoch die Abschlussprüfung ab und trat anschließend eine Lehrerstelle in der Schule des Stifts Sankt Florian an. Danach absolvierte er eine Weiterbildung und durfte auch an höheren Schulen unterrichten. Zugleich entwickelte er sich mehr und mehr zum Profimusiker und erhielt 1851 den Posten des Stiftsorganisten. Zu diesem Zeitpunkt entstanden auch seine ersten Kompositionen.

Zu jener Zeit verliebte sich der junge Künstler das erste Mal in seinem Leben, doch seine Flamme, Aloisia Bogner, die Tochter des Schulmeisters von St. Florian, verschmähte ihn.

1855 wurde Bruckner zum Dom-Organisten der Ignatiuskirche in Linz ernannt. Davor und danach nahm er Unterricht, sowohl bei einem Hofkapellmeister als auch bei einem Professor in Wien. Ab 1860 gab der Musiker bereits Konzerte, bildete sich aber dennoch laufend weiter, und so entstanden, beeinflusst von seinem Vorbild Richard Wagner, nach und nach die ersten Meisterwerke.

1867 schlitterte Bruckner aufgrund seiner zahlreichen Tätigkeiten als Organist, Chorleiter und Komponist in einen Zustand, den man heute Burnout nennen würde, und musste sich auf eine dreimonatige Erholungskur begeben. Ein Jahr später übernahm er in Wien eine Stelle als Professor für Musiktheorie und Orgelspiel am Konservatorium. Im Anschluss ging er auf Konzertreisen nach Paris und London, auf welchen er triumphale Erfolge feierte. In einer französischen Zeitung hieß es, die Orgel in der Kirche von Notre Dame de Paris habe unter den talentierten Händen des Künstlers geglänzt wie noch nie.

Die Situation in Wien hingegen wurde für Bruckner zunehmend problematisch: Zuerst verstarb seine geliebte Schwester Anna zu Beginn des Jahres 1870, nachdem sie nach Wien gezogen war, um ihrem Bruder den Haushalt zu führen. Im Oktober 1871 wurde er angezeigt, weil er eine Lehramtskandidatin mit „lieber Schatz" angesprochen hatte, und bezahlte dafür 500 Gulden Bußgeld.

Die Lage verschlechterte sich weiter, als der bekannte Musikexperte Eduard Hanslick ihn als „Wagnerianer" abstempelte, nachdem Bruckner dem bekannten Komponisten seine dritte Sinfonie gewidmet hatte. Der tonangebende Kritiker seiner Zeit beeinflusste viele seiner Kollegen negativ. Zusätzlich ließ sich 1872 der von Hanslick verehrte Johannes Brahms in Wien nieder, was die Situation noch verschärfte. Bruckner, der sich seines Könnens ohnehin nie sicher war, dürfte in dieser Zeit zahlreiche Stunden zwischen Selbstzweifel und Depression erlebt und seine Berufung mehr als einmal hinterfragt haben.

Erst mit den erfolgreichen Uraufführungen seiner vierten Sinfonie und des Streichquartetts in F-Dur gelang es ihm im Jahr 1881, sich auch bei seinen Gegnern etwas Respekt zu verschaffen. Im selben Jahr überlebte er den Ringtheaterbrand, eine der größten Katastrophen der k. u. k. Monarchie. Anton Bruckner wohnte zu jener Zeit in dem an die Spielstätte grenzenden Eckhaus mit der Adresse Schottenring 5 und hatte sich Karten für „Hoffmanns Erzählungen" von Jacques Offenbach besorgt. Am Abend der Aufführung Anfang Dezember fühlte er sich jedoch nicht wohl und ging auf ein Gebet in die Votivkirche. Im Ringtheater entzündete währenddessen knapp vor der Vorstellung ein Mitarbeiter hinter der Bühne bei fünf Schaukästen die Gasbeleuchtung. Doch bei der letzten Auslage versagte die Zündvorrichtung kurzfristig, während weiterhin Gas ausströmte. Fluchend versuchte der Bedienstete erneut, für Licht im letzten Schaukasten zu sorgen, wobei sich das entwichene Gas entzündete. Eine riesige Stichflamme raste durch den Raum, rollte auf den Bretterboden zu, erfasste den noch geschlossenen Vorhang. Innerhalb kurzer Zeit griff das Feuer auch auf die Dekoration über, fraß sich über den Rest der Bühne und erreichte den Zuschauerraum. Das gesamte Gebäude wurde innerhalb kurzer Zeit ein Raub der Flammen, offiziell verbrannten an diesem Abend 384 Menschen bei lebendigem Leibe, auch wenn man später von einer weit höheren Zahl sprach. Unter den Opfern befand sich auch Ladislaus Vetsera, der zu diesem Zeitpunkt 16-jährige Bruder von Mary Vetsera, die rund sieben Jahre später gemeinsam mit Kronprinz Rudolf in Mayerling ums Leben kam.

Bruckner sah auf dem Heimweg von der Kirche bereits von Weitem den orangefarbenen Schein der tobenden Flammen und rannte sofort nach Hause, um seine Kompositionen in Sicherheit zu bringen. Die ganze Zeit über hörte er dabei aus dem Nachbargebäude die Entsetzensschreie der brennenden Menschen. Das Feuer konnte gelöscht werden, bevor es auf weitere Häuser übersprang, so konnte Bruckner in seiner Wohnung bleiben und von seinem Fenster aus den Abtransport der Leichen beobachten.

Der Musiker war von diesem Tag an nicht einmal mehr in der Lage, eine Lampe zu entzünden, weil er eine Explosion befürchtete.

Neben dem Ringtheaterbrand, dem der Komponist nur durch einen Zufall entkam, hatte er bereits 1871 zwei Katastrophen innerhalb weniger Stunden überlebt: Weil er sich aufgrund einer Zugabe an der Orgel bei einem Konzert in der Albert Hall in London verspätete, verpasste er die U-Bahn (die damals noch nicht so regelmäßig verkehrte wie heute), welche ihn zum Hotel hätte bringen sollen. Der betreffende Zug, damals noch eine unterirdische, mit einer Dampflokomotive betriebene Eisenbahn, raste bei der Abfahrt in einen Gegenzug, und als der Künstler bei der Station eintraf, trug man gerade die Schwerverwundeten hinaus. Bei der geplanten Heimreise nach Wien am nächsten Tag erreichte Bruckner dann sein Schiff nicht rechtzeitig. Es sank auf der Fahrt nach Österreich.

Beruflich ging es ab 1881 stark aufwärts, der endgültige Durchbruch gelang dem Komponisten mit der Uraufführung der 7. Sinfonie im Jahr 1884.

Trotz seines Talents fühlte sich der sensible Künstler ein Leben lang minderwertig und einsam, hatte auch beim anderen Geschlecht keine nennenswerten Erfolge. Dazu muss gesagt werden, dass er wenig attraktiv war und sich außerdem immer ein wenig linkisch benahm.

Angeblich machte er relativ häufig jungen Frauen schriftliche Heirats-
anträge, stieß aber jedes Mal auf empörte Ablehnung.

Das ambivalente Verhältnis zum weiblichen Geschlecht und die
zahlreichen Abweisungen, die er hinzunehmen hatte, erschütterten
zusätzlich sein Seelenleben schwer.

Bruckner kleidete sich trotz seines gedrungenen Körperbaus in
überweite Anzüge, da er aus Angst vor einem unwillkürlichen Samen-
erguss stets wasserdichtes Untergewand trug. Am Hemdkragen saß
eine immer schiefe, schlampig gebundene Fliege, auf dem fast kahlen
Schädel ein großer Schlapphut.

Bruckner war ein sehr religiöser Mensch, missbilligte jeden Scherz
über Gott und war auch sonst eher humorlos und litt außerdem an
einem Zählzwang. Die Zeitgenossen des Musikers fanden sein Verhalten häufig kurios, daher ist es nicht verwunderlich, dass über ihn
zahlreiche Anekdoten kursieren, die seiner Persönlichkeit nicht gerade
schmeicheln. So nahmen vornehme Damen nicht nur oft Anstoß an
seinem seltsamen Kleidungsstil, sondern auch an seinem fragwürdi-
gen Benehmen. Bruckner soll beispielsweise sehr häufig mithilfe seines riesigen bunten Taschentuchs gestikuliert haben, wobei Reste von
Schnupftabak und verhärteten Nasenflüssigkeiten durch die Luft ge-
schleudert wurden.

Einmal saß der Komponist, der alles andere als ein charmanter
Plauderer war, bei einem Besuch seiner hübschen Gastgeberin gegenüber, die ihn zu unterhalten versuchte. Als er wortkarg immer
nur zu Boden starrte, beschwerte sie sich kokett: „Sie sehen mich gar
nicht an, Herr Professor, obwohl ich mein schönstes Kleid angezogen
habe!" Bruckner stotterte darauf verlegen: „Oh gnädige Frau … wegen
mir hätten Sie auch gar nichts anziehen müssen." Sie errötete, er verschluckte sich vor Schreck am Kaffee und das Gespräch stockte wieder.

Der Künstler soll grundsätzlich griesgrämig gewesen sein, wobei
sich seine Laune allerdings meist sofort besserte, wenn er frisch ge-
kochtes Essen roch – so erzählten es zumindest einige seiner Zeitgenossen. Als Junggeselle zeitlebens auf Wirtshausverpflegung angewiesen, traf er sich abends regelmäßig mit Freunden in einer Gaststätte,
bestellte Hausmannskost und Apfelmost oder Bier und saß danach so
lange am Tisch, bis ihm die Augen zufielen.

Darüber hinaus hatte der Komponist zeitweise auch recht makabere Anwandlungen. So bat er beispielsweise darum, nach Schuberts Tod vor der Grablegung dessen Schädel noch einmal berühren zu dürfen. Sein Wunsch wurde ihm erfüllt, und so glitten Bruckners Finger kurz nach dem Ableben des bekannten Komponisten andächtig über dessen Totenkopf, bevor man ihn bestattete.

Bereits gegen Ende der 1880er-Jahre hatte sich der Gesundheitszustand des Musikers allmählich verschlechtert, er litt unter einer Herzschwäche und Diabetes.

1891 ging Bruckner in den Ruhestand, zu jener Zeit bereits mit Auszeichnungen überhäuft, und hielt 1894 seine letzte Vorlesung an der Universität Wien. Er galt als einer der innovativsten Komponisten, der großen Einfluss auf die Musikgeschichte hatte. Seine erfolgreichsten Werke waren Sinfonien und Kirchenmessen.

Nach vielfachen Auszeichnungen oder weil er ihm seine 8. Sinfonie widmete, erhielt er von Kaiser Franz Joseph I. das Privileg, mietfrei im Schloss Belvedere zu wohnen, wo er sein letztes Lebensjahr verbrachte.

Nach seinem Tod 1896 wurde der Komponist in der Stiftsbasilika von St. Florian beigesetzt.

*

Anton Bruckners schlimmstes Erlebnis und Auslöser seiner Feuerphobie, ereignete sich im Haus Schottenring 5, als im Dezember 1881 das Ringtheater gegenüber seiner Wohnung (heute Amtssitz der Bundespolizeidirektion Wien, Schottenring 7–9, an dessen Außenmauer eine Gedenktafel an die Katastrophe erinnert) abbrannte. Nicht genug, dass der Komponist die Tragödie mitansehen und -hören musste, erfuhr er Tage später Details von den Nachbarn: Erst eine halbe Stunde nach Ausbruch des Feuers wurde ein Rettungsversuch unternommen, der daran scheiterte, dass sich die Notausgänge nur nach innen zum Saal hin öffnen ließen, was aufgrund des Menschenandrangs nicht gelang. Die Opfer erstickten im beißenden Rauch, verbrannten oder wurden im hellen Schein der lodernden Flammen zu Tode getrampelt. Mehrere Rettungskräfte hielt die Polizei im Vorraum des Theaters mit der Aussage

„Alles gerettet" davon ab, weitere sinnlose Bergungsversuche zu unternehmen.

Nach dem Brand wurde die Bevölkerung dazu aufgefordert, sich „Eintrittskarten" beim Magistrat abzuholen, um Zugang zum Hof des Allgemeinen Krankenhauses zu erhalten, wo sich die verkohlten Leichen befanden. Auf diese Art wollte man die Verstorbenen nach und nach identifizieren. Totenscheine wurden nur in eindeutigen Fällen ausgestellt. Die nicht abgeholten Wertsachen der Verunglückten kamen erst 1913, also 32 Jahre nach dem Unglück, im Dorotheum zur Versteigerung.

Der sensible Komponist kommt bis heute an den Ort der Katastrophe zurück, an dem er das Ringtheater brennen sah. Fast wäre er selbst unter den Opfern gewesen, hätte das Schicksal nicht noch anderes mit ihm vorgehabt. Er wird stets abends und nachts im Schein der Laternen als Silhouette an den Mauern der Gebäude um das ehemalige Ringtheater gesehen, in leicht vorgebeugter Haltung, mit dickem Bauch und Schlapphut. Augenzeugen berichten, man könne an der Seite des Wesens mitgehen, es lasse sich davon nicht beeindrucken und verschwinde dann irgendwann einfach hinter einer Ecke und tauche auf der anderen Seite der beleuchteten Hauswand nicht mehr auf.

Die allgemeine Begräbnisstätte der Opfer des Ringtheaterbrands befindet sich auf dem Wiener Zentralfriedhof (Gruppe 30A), unweit des Haupteinganges, links neben den Alten Arkaden. Und auch dort treibt sich der Komponist herum – als kleine, flinke Spukgestalt, die hustend Rauchwolken in die Luft bläst und als Schatten zwischen den Grabsteinen verschwindet, wenn sie bemerkt wird. Beim Phönix, der sich als Sinnbild für die Auferstehung am Dach des Grabmals befindet, werden ebenfalls paranormale Phänomene gemeldet. Dort soll bei Dämmerung häufig ein lautes Schluchzen zu hören sein, das schon einige Friedhofsbesucher, die besorgt nachsahen, aber niemanden weinend vorfanden, zu Tode erschreckt hat.

Karl May (1842–1912)

Eine düstere, murmelnde Gestalt

Karl Friedrich May zählt zu den meistgelesenen deutschen Schriftstellern, dessen Abenteuerromane mit den Helden Winnetou und Old Shatterhand in über 30 Sprachen übersetzt, für die Kinoleinwand verfilmt, für die Bühne adaptiert, zu Hörspielen verarbeitet oder als Comics auf den Markt gebracht wurden. Vor und anfangs auch noch neben seiner Karriere als Schriftsteller bestritt er seinen Unterhalt auch als Gauner und Hochstapler, außerdem als Journalist und Reiseliterat. May galt außerdem als Fantast, der womöglich unter Realitätsverlust litt – so behauptete er beispielsweise einmal, seine Abenteuer als Old Shatterhand leibhaftig erlebt zu haben, ein anderes Mal, als Nachfolger Winnetous der Befehlshaber über 35 000 Apachen zu sein. Als Geist wandelt May in Wien als düstere Gestalt vor seinem damaligen Hotel und in Linz entlang der Oberen Donaulände, wo er über die Straße schwebt und danach etwas ins Wasser wirft, bevor er sich in Luft auflöst.

*

Karl May entstammte einer armen deutschen Weberfamilie aus Radebeul und hatte insgesamt 14 Geschwister, von denen allerdings neun bereits kurz nach der Geburt verstarben.

Die erste mysteriöse Begebenheit im Zusammenhang mit dem extrovertierten Künstler stellte seine Erblindung im Kleinkindalter dar, die angeblich durch den deutschen Gynäkologen Carl Friedrich Haase im Jahr 1846 geheilt wurde.

Karls Vater Heinrich hielt den Jungen als einzigen überlebenden Sohn dazu an, doppelt so viel zu lernen, wie in der Schule gefordert wurde, er zwang ihn, wissenschaftliche Werke zu studieren und ganze Bücher komplett abzuschreiben. Später erhielt der kleine Karl auch privaten Musik- und Kompositionsunterricht vom Chorleiter seiner

Heimatgemeinde Ernstthal im Landkreis Zwickau. Sein erstes Geld, mit dem er zum Lebensunterhalt der Familie beitragen musste, verdiente er als Kegelaufsteller in einer Bar, in der er erstmals mit Weitgereisten in Kontakt kam, die ihm von Amerika erzählten.

Nach der Unterschlagung von sechs Kerzen wurde er als 18-jähriger Student vom Lehrerseminar in Waldenburg ausgeschlossen und nach Plauen versetzt, wo er seinen Abschluss machte. Seine Pädagogenlaufbahn endete jedoch, als ihn sein Zimmergenosse anzeigte, weil May die von ihm geborgte Reserve-Taschenuhr mit in die Weihnachtsferien genommen hatte. Nach sechs Wochen Haft war ihm als Vorbestraften eine Karriere als Lehrer verwehrt, weshalb er nach zwei Jahren vergeblichen Bemühens, seinen Lebensunterhalt auf legale Weise zu bestreiten, 1864 mit Gaunereien wie Betrug und Hochstapelei begann. Schon bald wurde er steckbrieflich gesucht und schließlich nach dem Diebstahl eines Pelzmantels verhaftet. Im Arbeitshaus Schloss Osterstein in Zwickau ernannte man ihn aufgrund guter Führung zum „besonderen Schreiber" des Gefängnisinspektors. Für seine eigene geplante Karriere als Schriftsteller legte er in dieser Zeit eine Liste mit über hundert Buchideen an, von denen er später einige verwirklichte.

Nach seiner Freilassung scheiterten Mays Versuche, sich eine bürgerliche Existenz aufzubauen, erneut. Er setzte seine kriminelle Laufbahn fort und lebte dabei die meiste Zeit über als Landstreicher. Nach einer weiteren Festnahme im Juli 1869 gelang ihm die Flucht während eines Gefangenentransports. Ein halbes Jahr später wurde er festgenommen und gab sich auf dem Polizeirevier als Sohn eines reichen Plantagenbesitzers der Insel Martinique aus, der seine Papiere auf der Reise nach Europa verloren hatte. Die Beamten recherchierten mehrere Wochen lang, bevor sie ihn der Lüge überführen und als den gesuchten Verbrecher Karl May identifizieren konnten. Er wurde nach Sachsen überstellt und saß dort bis 1874 im Zuchthaus. Danach kehrte er zu seinen Eltern nach Ernstthal zurück, begann zu schreiben und veröffentlichte noch im selben Jahr seine erste Erzählung. Dank zahlreicher Neugründungen im Verlagswesen aufgrund von Industrialisierung und Gewerbefreiheit erhielt er außerdem eine Anstellung als Redakteur, und zwar in Dresden bei Heinrich Gotthold Münchmeyer. Als ihn sein Vorgesetzter allerdings 1876 zur Heirat mit dessen Schwägerin nötigen wollte, um ihn dauerhaft an sein Unternehmen zu binden, kündigte May und machte sich nach einer weiteren kurzen Anstellung 1878 als Schriftsteller selbstständig. Er zog mit seiner späteren Ehefrau, Emma Pollmer, nach Dresden und wurde kurz darauf wegen Amtsanmaßung verurteilt, als er als falscher Polizist den rätselhaften Tod des trunksüchtigen Onkels seiner Gattin untersuchen wollte. Er konnte für sein „Vergehen" jedoch nicht bestraft werden, da er als „Beamter" keine Amtshandlung vorgenommen hatte. Und dem Ableben von Emmas Verwandtem lag, wie sich später herausstellte, kein Verbrechen, sondern vielmehr ein Leberversagen zugrunde.

Karl May arbeitete weiterhin als Redakteur bei einigen Zeitschriften, verwendete dabei verschiedene Pseudonyme und Titel, um für ein und denselben Text mehrfach zu kassieren. 1882 begann er für seinen ehemaligen Vorgesetzten, der ihn Jahre zuvor hatte verkuppeln wollen, den ersten seiner fünf großen Romane zu schreiben, der bis 1884 in 109 Fortsetzungen erschien. Auch die vier Folgewerke wurden im Verlag Münchmeyer veröffentlicht. Im Roman „Der Weg zum Glück" ließ May einige seiner Protagonisten in Wien logieren, beschrieb Wiener Kaffeehäuser und zwielichtige Etablissements.

Nach einem Umzug und einigen Durststrecken landete der Schriftsteller in der Villa Agnes in der Stadt Radebeul und zugleich beim Jungverleger Friedrich Ernst Fehsenfeld. Mit der Reihe „Carl May's Gesammelte Reiseromane" stellten sich endlich finanzielle Sicherheit und Ruhm ein. Doch der Künstler schien den plötzlichen Erfolg nicht zu verkraften. Er konnte bald nicht mehr zwischen Fiktion und Realität unterscheiden, hielt sich für Old Shatterhand und behauptete, dessen Abenteuer selbst erlebt zu haben. Kurzerhand ließ er sich von einem Büchsenmacher die legendären Gewehre seiner Romanhelden anfertigen: den Bärentöter, die Silberbüchse und zuletzt den Henrystutzen. Seine Verleger und Redakteure sowie die Leser bestärkten May in seiner Gleichsetzung von Autor und Protagonist bereitwillig.

In der Geschichte der deutschen Literatur ist es nur selten passiert, dass ein Autor die Grenze zwischen Ich-Erzähler und realem Autoren-Ich so aus- und nachdrücklich verwischt und seine Figur mit derart existenziellem Elan selbst zu verkörpern versucht hat. Ob er dabei wirklich an Realitätsverlust litt oder einfach nur gut schauspielerte, bleibt ungewiss.

*Während einer Lesereise in Wien logierten Karl May und seine Gattin im
Hotel „Zur goldenen Ente" in der Wiener Innenstadt.*

Doch die Behauptung, er sei Old Shatterhand, blieb nicht die einzige Fantasterei des Schriftstellers: Bei einem Vortrag im Juli 1897 gab er an, 1200 Sprachen und Dialekte zu sprechen und als Nachfolger Winnetous der Befehlshaber über 35 000 Apachen zu sein. Viele Zuhörer applaudierten begeistert, einige tuschelten hinter vorgehaltener Hand und jenen, die ihn zur Rede stellen wollten, ging der Schriftsteller einfach aus dem Weg und ließ sich von seinen Bewunderern feiern.

Im Dezember 1895 bezog der Autor mit seiner Gemahlin ein prächtiges Anwesen in Radebeul, das er „Villa Shatterhand" taufte und heute das Karl-May-Museum beherbergt.

Im Februar 1898 befand sich der Künstler im Rahmen einer Lesereise in Wien und hielt sich, unter anderem aufgrund einer Erkrankung, vier Wochen lang in der österreichischen Hauptstadt auf. In seiner Begleitung befand sich Noch-Ehefrau Emma, das Paar logierte im Hotel „Zur goldenen Ente" in der Wiener Innenstadt (heute Bürogebäude an der Ecke Riemergasse 4/Schulerstraße 20). Bei einem Vortrag im Rahmen einer Veranstaltung der Leo-Gesellschaft (Verein zur Förderung von Wissenschaft und Kunst auf katholischer Basis, benannt nach Papst Leo XIII.), die ihn als „Reiseschriftsteller Dr. Carl May" ankündigte, erwähnte er, dass sich an diesem Tag Winnetous Todestag jährte. Am Ende seiner Rede rief er: „Meine Herrschaften, tun Sie wie ich: Blicken Sie auf zu den Bergen, von denen Hilfe und Heil kommt. Amen!"

May hielt während seines Aufenthalts außerdem einen Vortrag am Kalksburger Konvikt und war zu Gast bei Hof, wo er von Marie Theresia von Habsburg-Lothringen, einer Enkelin von Karl von Österreich-Teschen, und anderen jungen Erzherzoginnen empfangen wurde.

Einige Tage später setzte Karl May seine Reise nach Linz fort. Die „Tagespost" schrieb am 23. März 1898: *Es wird uns mitgeteilt: Doctor Karl May, einer der bedeutendsten und viel gelesensten Schriftsteller der Gegenwart, ist sammt Gemahlin in Linz angekommen und hat im „Hotel Krebs" sich einlogiert. Dr. May, via Wien kommend, war dort seitens seiner zahlreichen Leser Gegenstand enthusiastischer Verehrung. Sowohl Bürgerstand, als auch hohe und höchste Aristokratie hat der seltene Mann durch sein schlichtes, herzgewinnendes Wesen bezaubert. […] Dr. May, ein moderner Odysseus, von dessen gefährlichen Reisen zahlreiche*

Narben an seinem Körper Zeugnis ablegen, vereinigt in seiner Person die edelsten Geistes- und Herzenseigenschaften.

Die Narben, so behauptete der Künstler darauf angesprochen später, hätten ihm wilde Grizzlys und allerlei Feinde zugefügt. In der Zeit danach bereiste der Schriftsteller alleine den Orient und soll unterwegs zweimal einen Nervenzusammenbruch erlitten und befürchtet haben, in eine „Irrenanstalt" eingeliefert werden zu müssen. Nach seiner Rückkehr begann May, sich philosophisch-religiösen Fragen der Menschheit zu widmen und verfasste zu dem Thema mehrere Bücher, beispielsweise „Und Friede auf Erden".

Großen Einfluss auf diese letzte literarische Entwicklungsstufe hatte der Jugendstilmaler und Bildhauer Sascha Schneider, den Karl May als „deutschen Michelangelo" bezeichnete und von dem er sich neben etlichen Buchdeckelillustrationen ein großes Wandgemälde im Empfangssalon in seiner Villa anfertigen ließ.

Im Jahr 1902 erhielt der Autor ein Ehrendoktorat aus Amerika mit aufwändig gestalteter Urkunde für sein Werk „Im Reich des silbernen Löwen" – initiiert hatte die Verleihung seine Ehefrau. Später fand May heraus, dass es sich bei dem Dokument um eine bezahlte Falschurkunde handelte. Der Künstler führte außerdem einen Doktorgrad, ohne je eine Universität besucht zu haben, und einen gleichwertigen chinesischen Ehrentitel.

Ebenfalls im Jahr 1902 besuchte der Schriftsteller neuerlich die Stadt Linz und wohnte wie schon beim ersten Aufenthalt im Jahr 1898 im Hotel „Roter Krebs" (heute Wohn- und Geschäftsgebäude an der Oberen Donaulände 11). Gemeinsam mit dem Fotografen und Atelierbesitzer Adolf Nunwarz versenkte er im Morgengrauen des 9. Oktober 101 Negativplatten in der Donau.

Dieser eigenartig anmutenden Aktion war eine Fotosession in der „Villa Shatterhand" im Jahr 1896 vorangegangen, bei der ein Amateurfotograf namens Alois Schießer Karl May unter anderem in den Kostümen von Old Shatterhand und Kara Ben Nemsi ablichtete. Die Negativplatten erhielt später Adolf Nunwarz, der den Vertrieb der Fotos übernahm, diese aber nur spärlich verkaufte. May kündigte ihm und teilte im Juli 1998 seinem Verleger Friedrich Ernst Fehsenfeld mit: *Nunwarz in Linz ist geschaßt. Meine Lieben teilten mir mit, daß er mich betrügt; sie dictierten mir seine ganze, heimliche Buchführung und klärten mich auch über alle andern Heimlichkeiten auf. Da reiste ich hin, überführte ihn und nahm ihm den Verlag. Es stimmte Alles, was sie mir gesagt hatten; er ist ein Lump.*

Der Bruch zwischen May und Nunwarz wurde mit dem Versenken der Negativplatten besiegelt, danach gab es keinen weiteren Kontakt mehr zwischen den beiden Männern.

1903 ließ sich der Literat mit der Begründung, seine Ehefrau Emma habe Geld unterschlagen und ihn „jahrelang in gehässiger Weise behandelt", scheiden und heiratete Klara Plöhn. Es handelte sich dabei um die Witwe seines besten Freundes Richard Plöhn, eines Verbandsstofffabrikanten, der im Jahr 1901 verstorben war. Die beiden Paare hatten schon Jahre zuvor einen engen Kontakt gepflegt und sich regelmäßig in der „Villa Shatterhand" getroffen, wo sie spiritistische Sitzungen veranstalteten. Klara fungierte dabei als Schreibmedium und nahm die Vermittlerrolle zwischen Diesseits und Jenseits ein. In der Folge beschäftigte sich der vom Okkulten faszinierte May mit der Thematik und legte in seinem Haus eine umfangreiche Bibliothek mit Werken zu dem Thema an – sie prägten seine künftige literarische Tätigkeit.

1908 unternahm der Schriftsteller eine sechswöchige Amerika-Reise, während der er Orte besuchte, die er in seinen Büchern beschrieb, und sich Inspirationen für sein Buch „Winnetou IV" holte. Als Grund für seinen USA-Aufenthalt gab er später rückblickend an, sein Herzle (Klara) habe ihm eines Tages, während „ein lieber, lieber Sonnenstrahl" zum Fenster hereinschaute, die Morgenpost gebracht, in der sich Briefe von Indianerhäuptlingen befanden, die ihn zu einer Amerika-Reise aufforderten.

Im Jahr 1912 kam Karl May im März wieder nach Wien, wo er im Hotel Krantz (Neuer Markt 5 bis Kärntnerstraße 22, heute Hotel Ambassador) abstieg. Er hielt am 22. März einen von rund 2000 Menschen umjubelten pazifistischen Vortrag in den Sofiensälen und traf dort auf seine „Seelenverwandte" Bertha von Suttner. Im Publikum saßen außerdem Heinrich Mann, Karl Kraus, Georg Trakl und Adolf Hitler. In Mays Begleitung befanden sich neben Gattin Klara auch seine beiden Malteser-Hündchen mit den Namen Engelchen und Seelchen.

Angekündigt worden war die Anwesenheit des Künstlers damals mit den Worten: *Der bekannte Romanschriftsteller, dessen Schaffen und Persönlichkeit heute ein öffentliches Problem geworden sind, hat sich entschlossen, einer Einladung des Akademischen Verbandes für Literatur und Musik stattzugeben und zum ersten Male in Wien am Vortragspult zu erscheinen.*

In der Berichterstattung über den Vortrag äußerten sich die Reporter der Wiener Zeitungen größtenteils zurückhaltend und zeigten sich vom Inhalt irritiert, erwähnten aber die Anwesenheit der Prominenz und treuen Fans, die May begeistert feierten.

Nur eine Woche nach seiner Rede in Wien tat Karl May seinen letzten Atemzug, damaligen Erkenntnissen zufolge hatte ihn eine akute Bronchitis das Leben gekostet. Jüngere Untersuchungen am Skelett deuten jedoch auf eine tödliche Schwermetallbelastung hin – er starb demnach an einer „Bleivergiftung". Der Künstler wurde auf dem Friedhof Radebeul-Ost beigesetzt.

Der Schriftsteller zählt zu den bekanntesten und meistgelesenen Verfassern von Abenteuerromanen mit einer geschätzten Auflage von 200 Millionen Exemplaren weltweit, die in mehr als 33 Sprachen übersetzt wurden. Seine Geschichten führen an exotische Schauplätze wie Vorderer Orient und Wilder Westen und schildern die Schicksale unterdrückter Völker und tapferer, edelmütiger, selbstloser Helden. Old Shatterhand, Kara Ben Nemsi, Old Surehand, Hadschi Halef Omar und Winnetou sind bis heute fast jedermann ein Begriff.

Das erfolgreichste und bekannteste Buch Karl Mays trägt den Titel „Der Schatz im Silbersee", das 1962 mit Lex Barker und Pierre Brice in den Hauptrollen verfilmt und zum Kassenschlager wurde. Da sich May sehr bewusst von den ethnologischen Vorurteilen seiner Zeit absetzen wollte, wurde ihm vorgeworfen, dass er mit seiner „Verbrüderungs-Romantik" die Jugend verdarb. Dennoch blieb er bis zu seinem Tod erfolgreich und konnte sich immer wieder gegen seine Kritiker behaupten – mit eisernem Willen und fast schon wienerisch anmutendem „Schmäh".

Bertha von Suttner veröffentlichte einen Nachruf auf Karl May, der mit den Worten „In dieser Seele lodert das Feuer der Güte" endete.

*

Dass es in der ehemaligen „Villa Shatterhand" in Radebeul, dem heutigen Karl-May-Museum spukt, liegt auf der Hand, schließlich wurden dort im Rahmen von Séancen zahlreiche Geister heraufbeschworen. Allerdings handelt es sich dabei um namenlose Wesen, die hin und wieder auftauchen und Besucher ganz klassisch mit Berührungen unsichtbarer Hände und kalt ins Ohr gehauchten Worten erschrecken. Karl May selbst wurde als paranormales Phänomen in der Villa nur hin und wieder von einer Angestellten gesichtet – er erschien ihr als Westernheld mit Cowboyhut, der jedes Mal Zettel vom Tisch gefegt, Mülleimer umgekippt und volle Kaffeetasse vom Tisch geworfen hat.

Da Karl May während seiner irdischen Existenz sowohl an eine enge Verbindung zwischen Diesseits und Jenseits glaubte als auch daran, selbst ein Abenteurer zu sein, lässt es sich leicht erklären, warum er sich als körperloses Wesen auf so manch unternehmungslustige Reise durch Zeit und Raum begibt. Auch in Wien wird der Schriftsteller als Geist häufig wahrgenommen.

Die Berichte stammen von den Mietern der Räumlichkeiten in dem Bürogebäude an der Ecke Riemergasse 4/Schulerstraße 20, an dessen Stelle sich Ende des 19. Jahrhunderts noch das Hotel „Zur goldenen Ente" befand. Beschrieben wird der zeitweise recht skurrile Künstler in seiner immateriellen Daseinsform als düstere Gestalt, wie eine verdichtete Rauchwolke, die in geduckter Haltung verschlagen grinsend herumschleicht, während sie ständig einen Blick über ihre Schulter wirft und dabei Unverständliches murmelt. Den Spuk macht man in dem Haus für die verschiedensten unerklärlichen Begebenheiten verantwortlich, beispielsweise wenn ein Raum „bebt", ohne dass seismische Aktivitäten stattfinden, oder Dinge aus unerklärlichen Gründen durch die Luft fliegen. Es heißt dann: „Der May macht schon wieder Schabernack!"

Der Künstler hält sich als paranormales Phänomen aber auch in Linz auf, wo ihn schon mehrere Autofahrer an der Oberen Donaulände über die Straße schweben gesehen haben. Er wird als schwarzer Mann beschrieben, der einen grünen Gegenstand trägt und diesen am Ufer in einem hohen Bogen in die Donau wirft. Hin und wieder sei auch nur das „Platsch" zu hören, wobei etwas Unsichtbares auf der Wasseroberfläche auftrifft und die Tropfen hoch aufspritzen, wie vom Ufer oder von Booten aus bereits beobachtet wurde.

Sigmund Freud (1856–1939)

Weiße Silhouette mit Botschaft

Sigmund Freud war der Begründer der Psychoanalyse und entwickelte die Theorie von den inneren Instanzen Es, Ich und Über-Ich als bewusste und unbewusste Anteile der Psyche. Er gilt als einer der einflussreichsten Denker des 20. Jahrhunderts. Die von ihm entwickelten Theorien und Methoden haben zahlreiche Mediziner seiner Zeit beeinflusst und werden bis heute diskutiert und angewendet. Freuds Schriften sind trotz zahlreicher Korrekturen, Abwandlungen und Weiterentwicklungen noch heute von großer Bedeutung. Nach dem Einmarsch der Nazis in Österreich 1938 emigrierte Sigmund Freud mit seiner Familie nach London, wo er auch starb. Sein Geist ist allerdings in Österreich geblieben, wo er sowohl im „Sühnhaus", in dem sich eine seiner Patientinnen umgebracht hat, als auch in seiner Praxis in der Berggasse spukt. Die eindimensionale graue Gestalt, umrahmt von einem weißen Umriss, spricht dort mit furchtlosen Passanten.

*

Der Sohn von Jacob und Amalia Freud, wohlhabende Galizier mit jüdischer Abstammung, kam mit dem Namen Sigismund Schlomo in Mähren, das Teil des Kaisertums Österreich war, zur Welt. Er war das älteste Kind aus dieser dritten Ehe seines Vaters und hatte sieben Geschwister, daneben gab es noch zwei ältere Halbbrüder aus Jacobs erster Ehe.

Sigmund wurde als Atheist erzogen, fühlte sich aber sein ganzes Leben lang als „echter Jude". Nachdem der Vater mit seinem Wollhandel Bankrott gegangen war, zog die Familie 1859 nach Leipzig, ein Jahr später weiter nach Wien. Im Anschluss an die Matura wollte der junge Mann Rechtswissenschaften studieren, entschied sich dann aber doch dafür, Arzt zu werden, und promovierte nach seinem Militärdienst 1881 zum Doktor der Medizin.

Ab 1882 arbeitete Freud im Wiener Allgemeinen Krankenhaus im Laboratorium für Gehirnanatomie im Bereich der Neurophysiologie. Von 1884 bis 1887 befasste er sich eingehend mit der medizinischen Wirkung von Kokain, das ein deutscher Militärarzt eingesetzt hatte, um die körperliche Ausdauer seiner Männer zu steigern. Für seine Studien unternahm Freud auch einige Selbstversuche und testete die damals noch wenig bekannte und erforschte Droge am eigenen Leib. Er wollte auch einen Bekannten mithilfe von Kokain von seiner Morphiumsucht befreien, was allerdings misslang.

Während einer Studienreise nach Paris im Jahr 1885 lernte Freud den Professor für pathologische Anatomie, Jean-Martin Charcot, kennen, der Hysterie als echte Krankheit diagnostiziert hatte, und erhielt von ihm Anschauungsunterricht zur Therapie psychischer Leiden mittels Hypnose und Suggestion.

Freud wandte sich jedoch schon bald wieder von der Trance als Heilungsversuch ab und entwickelte eine alternative Methode, um in die unbewussten Bereiche der Menschen vorzudringen. So entstanden die Behandlungsformen der freien Assoziation und Traumdeutung, mithilfe derer der Arzt die seelischen Strukturen seiner Patienten zu verstehen und behandeln versuchte.

Im Jahr 1886 heiratete Freud Martha Bernays, die einer angesehenen Rabbiner- und Gelehrtenfamilie aus Hamburg entstammte und väterlicherseits mit dem Dichter Heinrich Heine verwandt war. Die beiden hatten sechs Kinder, denen sie Vornamen historischer Persönlichkeiten gaben. Freuds Schwester Anna heiratete Marthas Bruder, Ely Bernays.

Frisch verheiratet zog das Paar im Herbst 1886 in ein Gebäude mit der Adresse Schottenring 7, an dem zuvor das Ringtheater gestanden hatte, das im Dezember 1881 abgebrannt war. An der Stelle des Unglücks, das zu den größten Brandkatastrophen des 19. Jahrhunderts zählt, ließ Kaiser Franz Joseph das „Sühnhaus" errichten, das er mit privaten Mitteln finanzierte. Die Ziegel, die dafür verwendet wurden, stammten teilweise aus dem zerstörten Theater. Sämtliche Einnahmen aus Wohngeldern sollten laut kaiserlichem Beschluss auf alle Zeit für wohltätige Zwecke verwendet werden. Im zweiten Stock des Gebäudes befand sich eine Kapelle, die an die im Feuer ums Leben gekommenen Menschen erinnerte.

Trotz günstigen Zinses wollte sich das Gebäude nicht recht mit Mietern füllen. Sigmund Freud und seine Ehefrau waren unter den ersten Bewohnern, die es wagten einzuziehen, ohne den Spuk unerlöster Seelen zu fürchten. Angeblich wäre er selbst auch fast ein Opfer des Ringtheaterbrands geworden – das behauptete zumindest seine Schwester Anna Freud-Bernays, die in ihren Memoiren erzählte, dass sie für sich und ihren Bruder Karten für den Unglücksabend besaß, sie aber verfallen lassen musste.

Als wir spätabends von unserer Gesellschaft nach Hause gingen, sahen wir zu unserem Erstaunen, dass es hinter der Augartenbrücke glühendrot war, und bekamen auf unsere Frage die Antwort, dass das Ringtheater in Flammen stehe. Wir jubelten ein Dankgebet, dass wir durch einen Zufall vor dem schrecklichen Geschick bewahrt geblieben waren. Wir gingen zum Brandplatz, standen dort bis tief in die Nacht hinein und waren Zeugen der schrecklichsten Szenen, schreibt Anna Freud-Bernays.

Nur ein Jahr später wurde in dem Gebäude Freuds erstes Kind geboren, Mathilde. Weil sie das erste „Sühnhaus-Baby" war, soll der Kaiser mit einem selbstverfassten Brief gratuliert und eine prächtige Vase aus der Kaiserlichen Porzellanmanufaktur geschickt haben. Doch bereits fünf Jahre später, im Mai 1891, zog der Mediziner mit seiner Familie wieder aus, nachdem sich eine seiner Patientinnen in dem Haus vom obersten Stockwerk in den Tod gestürzt hatte. Es handelte sich dabei um die Gattin seines Jugendfreunds Eduard Silberstein, die depressiv veranlagte und für den eloquenten Arzt schwärmende Pauline.

Freud bezog kurz darauf die legendär gewordene Wohnung in der Wiener Berggasse 19, in der er die folgenden 47 Jahre wohnte und praktizierte. 1971 wurde dort das Sigmund-Freud-Museum eröffnet.

Freud entwickelte die Psychoanalyse, vorwiegend im Zusammenhang mit sexuellen Abläufen und Problemen (Stichwort „Ödipus-Komplex"), beschäftigte sich dabei vorwiegend mit unbewussten Prozessen, die sich häufig im Traum offenbaren.

Auf der Cobenzlwiese in Wien befindet sich ein Gedenkstein, der davon kündet, dass Sigmund Freud gerne in dieser Gegend „lustwandelte". Er trägt die Inschrift: *Hier enthüllte sich am 24. Juli 1895 dem Dr. Sigm. Freud das Geheimnis des Traumes.*

Außerdem war Freud von 1886 bis 1896 als Vorstand der Neurologischen Abteilung am „Ersten öffentlichen Kinder-Krankeninstitut" tätig, wo er an drei Nachmittagen pro Woche mit „hysterischen Kindern" arbeitete.

Kurz darauf gründete er die „Psychologische Mittwoch-Gesellschaft", bei der sich diverse Therapeuten zum Diskutieren und Ergründen neuer Heilungsmethoden trafen.

Kurz vor der Wende zum 20. Jahrhundert trat Freud der jüdischen B'nai-B'rith-Loge bei, die sich laut Selbstdarstellung der Förderung von Toleranz, Wohlfahrt und Humanität widmete. Er setzte sich außerdem eingehend mit philosophischen Fragen auseinander, war von den Theorien Ludwig Feuerbachs, Friedrich Nietzsches und Arthur Schopenhauers beeinflusst und beschäftigte sich im Zusammenhang mit deren Ansichten vor allem mit Religionskritik.

Im Jahre 1906 nahm der Mediziner Briefkontakt mit dem Psychiater Carl Gustav Jung auf, bei einem Treffen ein Jahr später sollen die beiden Männer 13 Stunden lang ohne Unterbrechung miteinander gefachsimpelt haben.

Im Ersten Weltkrieg wurde aus dem anfänglich leidenschaftlichen Patrioten Freud rasch ein Politikmuffel, der angesichts des Schlachtenverlaufs resignierte.

Im Jahr 1922 erkrankte Freud, der jahrzehntelang rund 20 Zigarren am Tag geraucht hatte (eine „verschobene Masturbation", wie er selbst sagte), an Gaumenkrebs, weshalb ihm der rechte Oberkiefer entfernt und eine Prothese eingesetzt wurde. Trotz zahlreicher Operationen verschlimmerte sich die Erkrankung weiter.

1923 entwickelte der Psychoanalytiker die Theorie vom „Es" als unbewusstem triebhaftem Element der Psyche, dem „Über-Ich" als bewusster moralischer Instanz und Gegenpart zum „Es" und dem „Ich" als teilweise bewusstem rationalen und vernünftigem Vermittler zwischen „Es" und „Über-Ich". Er entwarf Abend für Abend in seiner Studierstube sitzend, Skizzen der Psyche, die einem Atommodell ebenso ähnelten wie den magischen Kreisen des Nostradamus. „Nun ist die Luft von solchem Spuk so voll", zitierte er beim Anblick seiner

Entwürfe Faust, „dass niemand weiß, wie er ihn meiden soll." Zur Untermauerung seiner These studierte er die Schilderungen des Hexenwahns und erkannte, dass die mittelalterliche Theorie von der Besessenheit identisch ist mit der Spaltung des Bewusstseins.

Nach der Machtübernahme der Nationalsozialisten in Deutschland fielen Freuds Werke den Bücherverbrennungen vom Mai 1933, inszeniert als Aktion „wider den undeutschen Geist", zum Opfer. Als im März 1938 Freuds Tochter Anna nach dem Einmarsch der Nazis in Österreich verhört wurde, beschloss der Psychoanalytiker, das Land zu verlassen. Die Deutschen pressten ihm dafür eine „Reichsfluchtsteuer" von 32 000 Reichsmark ab.

Er emigrierte mit seiner Familie über Paris nach London und ließ sich im Stadtteil Hampstead nieder. Dort stand eines Tages die SS vor der Tür und der Auswanderer sollte schriftlich bestätigen, dass er und seine Familie nicht misshandelt worden waren. Freud, genervt von der neuerlichen Belästigung, bescheinigte zynisch: „Ich kann die Gestapo jedermann auf das Beste empfehlen."

Vier seiner Schwestern mussten nach gescheiterten Fluchtversuchen in Wien bleiben und wurden später von den Nationalsozialisten ermordet.

In dem Haus 20 Maresfield Gardens, das Tochter Anna später als Freud-Museum-London eingerichtet hat, befindet sich die Mehrzahl der Bücher und Möbel aus dem Besitz des Psychoanalytikers, einschließlich seiner berühmten Rosshaar-Couch, auf der die Patienten in Wien lagen und die „mehr Geheimnisse kennt als ein katholischer Beichtstuhl", so Hilda Doolittle, eine Patientin des Psychoanalytikers.

Nach etwa einem Jahr im Exil verlangte Freud, vom Krebs schwer gezeichnet, von seinem Hausarzt Sterbehilfe. Dieser leistete diesem Anliegen in den frühen Morgenstunden des 23. September 1939 mit der gewünschten tödlichen Dosis Morphium Folge.

Sein Leichnam wurde verbrannt und in einer Urne im Londoner Golders Green Crematorium beigesetzt.

Während der gesamten Zeit seiner beruflichen Tätigkeit veröffentlichte Sigmund Freud zahlreiche Schriften und Abhandlungen, doch erst nach seinem Tod wurde er mit mehreren Auszeichnungen für sein Schaffen geehrt. Nach ihm sind sogar ein Mondkrater und ein Asteroid benannt. Von ihm geprägte Begriffe wie „das Unbewusste" und psychoanalytische Diagnosen, wie etwa „Penisneid" oder „Ödipus-Komplex", finden sich noch heute im allgemeinen Sprachgebrauch, ebenso wie der „Freud'sche Versprecher", bei der eine sprachliche Fehlleistung angeblich den eigentlichen Gedanken des Betroffenen verrät.

*

Am Schottenring 7–9 – heute befindet sich dort die Bundespolizeidirektion – handelt es sich um eine der unglückseligsten Adressen Wiens: Im Ringtheater, das ursprünglich an dieser Stelle stand, kamen fast 400 Menschen bei einem verheerenden Feuer ums Leben, und im von Kaiser Franz Joseph erbauten Sühnhaus, das „auf der Knochenasche der Brandopfer" erbaut worden war, stürzte auf der Treppe eine Patientin von Sigmund Freud zu Tode. 1945 legte die Gestapo in dem Haus Feuer, um Akten zu vernichten, und das Haus brannte erneut lichterloh. Bereits im Mittelalter befand sich auf dem Areal der Koloman-Friedhof als Teil des ersten Bürgerspitals der Stadt Wien. Darüber hinaus lag nicht weit entfernt beim Schottentor eine Hinrichtungsstätte, was vermuten lässt, dass die gehenkten Straftäter auf diesem Begräbnisfeld verscharrt wurden, auf dem man später das Ringtheater errichtete. Die Knochen der Spitalspatienten wurden vermutlich umgesiedelt, die der Verbrecher nicht.

Im Keller des heutigen Gebäudes, der Bundespolizeidirektion, befinden sich 18 Meter unter der Erde Schutzräume, die während des Kalten Kriegs im Falle einer Notsituation als Kommandozentrale gedient hätten – sie sind bis heute unberührt. An der Vorderfront des Hauses erinnert eine 1982 angebrachte Gedenktafel an die Opfer, die dieser Platz bereits gefordert hat.

Und genau dort, so lauten einige Augenzeugenberichte, werden immer wieder graue Gestalten gesehen. Es handelt sich dabei um Wesen, die sich aus Rauch formieren, den Mund wie zum Schrei aufreißen und sich danach sofort wieder verflüchtigen.

Sigmund Freud ist als einer der ersten Bewohner in das Sühnhaus eingezogen, um zu demonstrieren, dass man sich nicht vor den Geistern der Vergangenheit beziehungsweise des Ringtheaterbrands fürchten muss. Er hat sich dann aber doch geängstigt, wie er einmal in einem Brief äußerte, als er immer wieder lautes Knacken im Gebälk und ein Knistern in seinen Räumen hörte und dazu Brandgeruch wahrnahm, ohne dass ein Feuer angezündet worden wäre. Dennoch blieb er an der Adresse wohnen, wollte sich nicht von etwaigen paranormalen Phänomenen vertreiben lassen und damit allen Spukgläubigen beweisen, dass man sich in dem Haus vor nichts fürchten musste. Nachdem seine Tochter zur Welt gekommen war, häuften sich die Vorkommnisse, doch endgültig zu viel wurde es dem Psychoanalytiker, als sich die Frau seines Jugendfreundes und seine Patientin Pauline Silberstein im Stiegenhaus vom obersten Treppenabsatz in den Tod stürzte. Eine Ursache dafür war nicht zu finden, darüber hinaus gab es zahlreiche Ungereimtheiten, etwa dass sich die junge Frau rund 15 Minuten vor ihrem Sprung in den Tod bei dem Hausmädchen von Sigmund Freud angemeldet hatte, obwohl sie dessen Wohnung und Praxis dann nicht mehr betrat.

Den Psychoanalytiker hat das Haus auch nach seinem Tod offenbar nie losgelassen, denn er ist im Umkreis von nur wenigen Metern immer wieder auf der Straße rund um die Polizeidirektion zu sehen. Und er spricht sogar ganz höflich mit den Passanten, wenn sie ihn fragen, was es mit seiner Erscheinung auf sich hat. Freud erscheint den Leuten als weiße Silhouette, die eindimensional mit grauen Konturen und Schattierungen versehen ist – er sieht also aus wie ein hell umrahmtes, lebensgroßes Foto. Dieselbe Gestalt streift durch die Berggasse in der Nähe des Hauses Nummer 19, in dem Sigmund Freund seine spätere Wohnung und Praxis besaß.

Wird das Abbild des bekannten Mediziners von Passanten, die vorerst an eine optische Täuschung glauben, angesprochen, sagt es mit seltsam eckigen Mundbewegungen sinngemäß: „Ich ruhe nicht, ich bin noch da. Seht her."

Arthur Schnitzler (1862–1931)

Ein wankender Leichnam im Park

Arthur Schnitzler, ein bedeutender Autor der Wiener Moderne und Liebling der Frauen, führte den inneren Monolog als Erzählform in die deutsche Sprache ein und galt als einer der größten Tagebuchschreiber der deutschsprachigen Literatur. Er war dafür bekannt, Tabus zu thematisieren – sein Ziel dabei war, der Gesellschaft ihre Doppelmoral vor Augen zu führen und Reaktionen zu provozieren, was ihm vor allem mit seinem Stück „Reigen" gelang, das einen Theaterskandal auslöste. Privat war Arthur Schnitzler sehr gesellig, hatte viele Liebschaften, eine Ehefrau und zwei Kinder. Sein Leben endete laut eigener Aussage mit dem Selbstmord seiner Tochter, der er nur drei Jahre später ins Grab folgte. Schnitzler pflegte eine sehr intensive Beziehung zum Kurort Baden, in dem er zwei seiner bekanntesten Werke ansiedelte. Dort spukt der Dichter als wankender Leichnam in dem Park, der nach ihm benannt wurde, und als Poltergeist in der Gegend, in der sich einst sein Lieblingscafé befand.

*

Arthur kam als erster Sohn von insgesamt vier Kindern des jüdischen Arztes Johann Schnitzler und dessen Gattin Luise in Wien in der Praterstraße 16 zur Welt. Nach dem Besuch des Gymnasiums und der Universität Wien promovierte er 1885 zum Dr. med. und beschäftigte sich neben seiner Tätigkeit im Allgemeinen Krankenhaus und in der Poliklinik Wien vorwiegend mit der Publikation von Artikeln zu medizinischen Themen. Meist rezensierte er dabei Fachbücher; eigene wissenschaftliche Erkenntnisse veröffentlichte er nur einmal. Nach dem Tod seines Vaters im Jahr 1893 eröffnete er seine eigene Praxis, zuerst am Burgring 1, hinter dem Kunsthistorischen Museum, danach in der Frankgasse 1, direkt neben der Votivkirche.

Bereits während seiner Zeit als Schüler und Student verfasste Arthur Schnitzler Lyrik und Prosa; sein literarisches Debüt gab er 1880 mit dem „Liebeslied der Ballerine" in der Zeitschrift „Der freie Landbote". Es folgten zahlreiche Gedichte und Erzählungen, durch die er immer mehr Anklang und Bewunderer fand.

Ab 1890 zählte Schnitzler mit seinen Freunden Hugo von Hofmannsthal, Hermann Bahr und Richard Beer-Hofmann zu den Hauptvertretern der literarischen Wiener Moderne, die sich bevorzugt im Wiener Café Griensteidl am Michaelerplatz trafen, dort dicke Zigarren pafften, philosophierten und Karten oder Schach spielten. Seinen Bekannten Sigmund Freud traf Schnitzler meist im Restaurant Leidinger in der Kärntnerstraße.

Der Dichter entwickelte sich während seiner Tätigkeit als Literat zu einem der bedeutendsten Kritiker der k.u.k. Monarchie und ihrer gesellschaftspolitischen Entwicklung. Ihm wurde nach der Veröffentlichung seines Werkes „Leutnant Gustl", in dem er den Ehrbegriff des imperialen Militärs als hohl und selbstgerecht darstellte, der Offiziers rang als Oberarzt der Reserve aberkannt.

Inspiriert und in seinem dichterischen Schaffen beeinflusst wurde Schnitzler von den Frauen – er hatte Affären mit Schauspielerinnen, Liebschaften mit einfachen Mädchen aus der Vorstadt und ein paar ernsthafte Beziehungen zu Frauen wie Marie „Mizzi" Glümer, welcher er mit der Figur Fanny in seinem Stück „Märchen" ein literarisches Denkmal setzte, und Maria Reinhard. Der Künstler galt als egomanischer Verführer, der von einer „Herzschlamperei" zur nächsten raste.

Um die Jahrhundertwende lernte der Künstler Olga Gussmann kennen, die er im Jahr 1903 heiratete. Ein Jahr zuvor war der gemeinsame Sohn Heinrich geboren worden. Einige Jahre danach kam Tochter Lili zur Welt. Die Familie zog 1910 in eine Villa in der Sternwartestraße 71 im Währinger Cottageviertel. Arthur Schnitzler zählte damals wie heute immer noch zu den meistgespielten Dramatikern auf deutschen Bühnen.

1921 ließ sich Olga von ihrem Mann scheiden, die Kinder blieben bei ihm.

Im selben Jahr wurde Schnitzler der Prozess wegen Erregung öffentlichen Ärgernisses gemacht, als die Uraufführung seines „Reigen" zuerst in Berlin, dann in Wien zu einem Theaterskandal führte. Das Werk schildert in zehn erotischen Dialogen die „unerbittliche Mechanik des Beischlafs" und handelt von zehn flüchtigen sexuellen Begegnungen: Dirne mit Soldat, Soldat mit Stubenmädchen, Stubenmädchen mit einem jungen Herrn aus besserem Hause, junger Herr aus besserem Hause mit verheirateter Frau und so weiter, bis sich der Kreis schließt und die Dirne vom Beginn des Stücks mit einem Grafen durch die Betten turnt – es geht um die offene Zurschaustellung animalischer Triebe quer durch alle Gesellschaftsschichten, abseits von Vernunft und Anstand. Obwohl der Geschlechtsakt selbst nie direkt zu sehen ist, echauffierte sich das über jeden Verdacht, es heimlich selbst bunt zu treiben, scheinbar erhabene Publikum und verlangte die sofortige Absetzung des Stücks. In Wien stürmten sogar Demonstranten das Theater, warfen Stinkbomben und zerlegten das gesamte Mobiliar.

Kritiker nannten Schnitzler einen „Pornografen" und „jüdischen Schweineliteraten", und bei der Beratung, was weiter zu geschehen habe, prügelten sich kunstverständige Politiker mit empörten Abgeordneten. Aber es gab auch anerkennende Kritik: Hugo von Hofmannsthal erklärte seinem Freund schmunzelnd: „Schließlich ist es ja Ihr bestes Buch, Sie Schmutzfink!"

Der Skandal fand ein Ende beim Wiener Verfassungsgerichtshof, bei dem der Prozess zugunsten des Autors ausging. Schnitzler selbst untersagte danach, schwer enttäuscht von der Doppelmoral seines Publikums, weitere Aufführungen – erst sein Sohn hob im Jahr 1982 das Verbot auf. In der Folgezeit isolierte sich der ehemals gesellige und umtriebige Schriftsteller zunehmend.

Ab 1923 führte Schnitzler eine lose Beziehung mit der verwitweten Schriftstellerin Clara Katharina Pollaczek, die allerdings wohl eher auf freundschaftlicher Verbundenheit und gemeinsamen Interessen als auf erotischer Anziehungskraft basierte.

Ein weiterer Skandal ließ nicht lange auf sich warten: 1927 verhängte der Wiener Sender RAVAG einen „großen Radio-Bann" über Schnitzler, weil der es plötzlich wagte, urheberrechtliche Ansprüche auf Tantiemen zu stellen.

Ebenfalls 1927 heiratete die melancholische und von der Scheidung der Eltern traumatisierte Tochter Lili einen italienischen Offizier, reis-

Arthur Schnitzler ließ sein Werk „Spiel im Morgengrauen" zum Teil im „Café Schopf" in Baden spielen.

te mit ihm in seine Heimat und beging ein Jahr später in Venedig Selbstmord. *Mit jenem Julitag war mein Leben doch zu Ende*, schrieb Schnitzler damals in sein Tagebuch.

Tatsächlich zu Ende ging dieses allerdings erst im Oktober 1931, als der Künstler im Alter von 69 Jahren an einer Hirnblutung starb. Er wurde auf dem Wiener Zentralfriedhof in der Alten Israelitischen Abteilung (Gruppe 6) beerdigt.

Arthur Schnitzler beleuchtete in seinen Werken stets die psychischen Vorgänge in den handelnden Figuren, wobei er zugleich das Augenmerk auf die Gesellschaft lenkte, die das Seelenleben seiner Protagonisten prägte. Diese stellen meist typische Vertreter des öffentlichen Lebens in Wien um die Jahrhundertwende dar – intellektuelle Bohemiens, „süße" Mädchen, ambitionierte Künstler, schneidige Offiziere, neugierige Journalisten, leichtlebige Dandys und viele mehr – und repräsentieren jene Ära quer durch alle Schichten. Es geht stets um durchschnittliche Menschen, die mit ihren Lebenslügen und selbstauferlegten Tabus kämpfen, um ihr Gesicht zu wahren. Herausgefordert von einer Gesellschaft, die scheinbar prüde mit ungeschriebenen Geboten des schicklichen Benehmens taktiert, sind diese Personen unfähig, gegen unsinnige Vorschriften oder andere auferlegte Zwänge zu revoltieren, und scheitern nicht selten an ihrem Verhalten. Schnitzler brachte dabei zuvor tabuisierte Themen wie Ehebruch und Rassenhass offen zur Sprache, die seine Figuren aus dem Halbbewusstsein ans Tageslicht befördern.

In einem Brief schrieb der Psychoanalytiker Sigmund Freud an seinen Arztkollegen: *Ich habe mich oft verwundert gefragt, woher Sie diese oder jene geheime Kenntnis nehmen konnten, die ich mir durch mühselige Erforschung des Objekts erworben, und endlich kam ich dazu, den Dichter zu beneiden, den ich sonst bewundert. So habe ich den Eindruck gewonnen, daß Sie durch Intuition – eigentlich aber infolge feiner Selbstwahrnehmung – all das wissen, was ich in mühsamer Arbeit an anderen Menschen aufgedeckt habe.*

Als Stilmittel diente dem Autor nicht selten der von ihm in die deutschsprachige Literatur eingeführte innere Monolog, mit dem er dem Leser einen direkteren und vor allem tieferen Einblick in den inneren Konflikt eines Protagonisten gab.

Zugleich war er einer der größten Tagebuchschreiber, denn er führte ab seinem 17. Lebensjahr bis zwei Tage vor seinem Tod pedantisch Tagebuch. Einer der ersten Sätze des Studenten, stets von Selbstzweifeln, Weltschmerz und genereller Unzufriedenheit mit allem und jedem begleitet, lautete: *Ich war und bin elend gestimmt;* eine der letzten Eintragungen lautete: lakonisch-resignativ: *Befinden wie üblich gewöhnlich.* Seine Aufzeichnungen, die ein monumentales Zeitdokument, ein Epochenporträt in abertausenden Mosaiksteinchen darstellen, wurden postum in zehn Bänden veröffentlicht.

Arthur Schnitzler hatte eine ausgeprägte Beziehung zu Baden, dessen Lokalkolorit ihn besonders inspirierte. Er versuchte in mehreren Texten die oftmals verruchte Stimmung einzufangen, die damals in den Salons der aufstrebenden Kurstadt herrschte. Er kannte die Gegend seit Jugendtagen durch Ausflüge mit der Familie und zog einen Aufenthalt in den gemütlichen Hotels der idyllischen ruhigen Kleinstadt häufig seiner Wohnung im zunehmend lauten Wien vor.

Einige seiner Werke spielen daher in Baden, etwa die Novelle „Spiel im Morgengrauen", in der Schnitzler unter anderem eine Szene im Hinterzimmer des Lokals „Café Schopf" (Ecke Weilburgstraße/Peterhofgasse) beschrieb. Schnitzler selbst hatte während seiner Besuche in der Kurstadt in eben jenem Café, das sich täglich spätabends in eine Art Nachtclub verwandelte, einige Male gepokert und meistens verloren.

Gewohnt hat Schnitzler in Baden häufig im „Julienhof", der sich an der Ecke Kaiser-Franz-Ring/Welzergasse befand.

Die Tragikomödie „Das weite Land" siedelte der Dichter in der Villa Hahn, errichtet in Weilburgstraße 81–85 von dem bekannten Architekten Otto Wagner, an, in der nur wenige Jahre vor Erscheinen des Stücks ein blutiges Geheimnis gelüftet wurde. Schnitzler machte daraufhin das Haus zu einem Schauplatz in seinem Werk.

Im Dezember 1906 gelang es nach monatelangen Recherchen und Rätselraten seitens der Polizei und der Einwohner von Baden, ein Verbrechen aufzuklären. Es ging dabei um den mysteriösen Fund von im Garten der Villa Hahn unter einem Gebüsch vergrabener Gebeine. Die Skelette wiesen eine für jene Zeit außergewöhnliche Größe auf (sie maßen 1,76 Meter), und ihre gut erhaltenen Gebisse zeigten Abnutzungsspuren, wie man sie von Rauchern gerader Holzpfeifen kannte. Letztendlich lieferte die verwitterte Bekleidung den entscheidenden Anhaltspunkt: Bei den Toten handelte es sich um zwei „Rotmäntler" (Angehörige einer kaiserlich-österreichischen Militäreinheit), die am 14. Oktober 1848 während der Europäischen Revolution auf der Braiten in Weikersdorf gelagert hatten. Es konnte im Nachhinein ermittelt werden, dass die beiden Männer nach einem nächtlichen Überfall auf die Villa über die Aufteilung der erbeuteten Wertgegenstände in Streit geraten waren, sich gegenseitig tödliche Verletzungen beigebracht hatten und vor der Eingangstür des Hauses verstarben. Die Bewohner des Hauses verscharrten daraufhin aus Angst, dass man sie des Mordes verdächtigen würde, die beiden Leichen noch in derselben Nacht eilig im Garten.

Folgende Anekdote aus Baden ist ebenfalls überliefert: Im Mai 1891 fuhr Schnitzler mit seiner Geliebten Marie Glümer nach Baden, da die Theaterschauspielerin ein Engagement in der Kurstadt angenommen hatte. Unter anderem spielte Mizzi die Alma in dem Stück „Die Ehre" und musste dabei in einer Szene im Unterrock auftreten, was dem eifersüchtigen Dichter schwer zu schaffen machte. Er hielt sich daraufhin im Sommer 1891 sicherheitshalber fast täglich in Baden auf und unternahm während seiner Kontrollbesuche viele Ausflüge mit seiner Geliebten. Laut Zeitzeugen gab es dabei zwischen den beiden ungezählte Umarmungen sowie zwei Ohrfeigen.

Am 7. Mai notierte Schnitzler: *Schreckliche Scene. – Im Bett. Mit ihrem kindischen Vorstadtantisemitismus begann's. Ich wurde roh, nannte sie Vorstadtflitscherl, Vorstadtmensch etc. Eine Bemerkung über Fritz K., (er jüdle). Ich riesig enervirt, pack sie an der Gurgel: wenn du noch ein Wort über meinen besten Freund zu reden wagst, so geb ich dir ein paar Ohrfeigen und werf dich die Treppen hinunter. – Sie todtenblass, stand auf, wollte sich ankleiden. Ich fühlte, daß ich zu weit gegangen, weinte vor Zorn und Scham, bat ihr das böse Wort ab. Sie weinte schrecklich […]*

Am 17. August hieß es: *Als ich mit bösem Blick auf die Bühne sah, stampfte sie, verlangte durch Blick ein Lächeln. […] Nach dem Theater: „Das darfst du nicht mehr thun. Ich habe schrecklich gelitten. – Stehe da unter lauter Leuten, unter die ich nicht gehöre, und da unten sitzt mein Engerl, mein Trost, mein Alles und schaut mich so an." […] Dieses*

Geschöpf peinigt mich. Wenn sie die gütige ist, ist sie mir am widerlichsten

Darüber hinaus hatte der Schriftsteller in Baden eine glühende Verehrerin. Heinrich von Zeißberg, Historiker, Direktor der k. k. Staatsbibliothek und Geschichtslehrer sowie enger Freund von Kronprinz Rudolf, lebte mit seiner Familie im Haus Nr. 3 am Theaterplatz, wenn er zur Sommerfrische in Baden weilte. Seine Tochter, Elisabeth, war in jungen Jahren unsterblich in Arthur Schnitzler verliebt, den sie in ihrem Tagebuch „Arthurlein" nannte und öfter besuchte, wenn sich das Objekt ihrer Begierde in Baden aufhielt. Allerdings musste das Mädchen im Jahr 1890 ins Karmelitinnen-Kloster nach Mayerling übersiedeln – in das Gebäude, in dem Kronprinz Rudolf ein Jahr zuvor Mary Vetsera und danach sich selbst getötet hatte (oder mit seiner Geliebten ermordet worden war).

Gewidmet ist dem Dichter in Baden der Arthur-Schnitzler-Park beim Bahnhof.

*

Und genau in diesem Park gegenüber dem heute modernen Bahnhof, zu Zeiten Arthur Schnitzlers noch ein schmucker Biedermeierbahnhof, spukt der Dichter – als Wesenheit, die fast so aussieht wie ein gewöhnlicher Spaziergänger, wenn sie nicht so gelblich fahl im Gesicht wäre, nicht wanken würde und beim Gehen die Augen nicht geschlossen hätte. So jedenfalls wird sie von Passanten, die ihren Weg zum oder vom Zug durch die kleine Grünanlage abkürzen, beschrieben. Zu beobachten ist die „wandelnde Leiche" in der Gestalt Arthur Schnitzlers vorwiegend bei schlechtem Wetter und einbrechender Dunkelheit, wenn das trübe Licht den Park nur noch schwach erhellt. Spricht man die übernatürliche Erscheinung an, wird sie blasser und verschwindet vor den Augen der Person, die das Wort an sie gerichtet hat.

Nicht zu sehen ist der Literat in der Nähe des Cafés, in dem er einst mit Freunden pokerte, bemerkbar macht er sich in dieser Gegend trotzdem. An der Stelle des Kultlokals „Schopf" (zuvor „Scheiner") steht heute Badens erstes Hochhaus, das 1955 an der Ecke Weilburgstraße/Peterhofgasse erbaut wurde. Der Dichter mit dem unglücklichen Händchen fürs Kartenspiel klopft alle paar Monate in einigen der Parterrewohnungen an die Wände. Es scheint sich dabei um die Räume zu handeln, in welchen sich früher das Hinterzimmer für die Poker-Partien sowie der Schankraum, in dem Arthur Schnitzler gerne Zeitung gelesen, eine Zigarre gepafft und einen Cognac getrunken hat, befanden. Einige Parteien sind wegen des Poltergeists wieder ausgezogen, andere wiederum erdulden die Geräuschbelästigung mit stoischer Gelassenheit, wieder andere hören angeblich gar nichts.

Als weiteres Zeichen der Kontaktaufnahme hinterlässt der Dichter einen Gruß aus dem Jenseits in Form des Anfangsbuchstabens seines Vornamens, der laut Augenzeugenberichten hin und wieder auf dem Asphalt rund um das Hochhaus auftaucht, um Sekunden später mit einem leisen Zischen und unter leichter Rauchentwicklung wieder zu verschwinden. Aufgrund der ausladenden Rundung mit der kleinen Schleife darin handelt es sich unverkennbar um die Handschrift Schnitzlers. Beschrieben wird dieses paranormale Phänomen folgendermaßen: Als würde ein unsichtbares Wesen mit Flüssigkeit einen Buchstaben auf den Weg malen, die gleich darauf verdampft, als wäre der Boden brennend heiß. Zu sehen ist das Ovale A, ebenso wie die Gestalt des Dichters, fast immer bei diffusen Lichtverhältnissen aufgrund starker Bewölkung oder in der Abenddämmerung.

Welche Botschaft Arthur Schnitzler zu senden versucht, wollte ein Medium wissen und führte in einer der betroffenen Räumlichkeiten in dem Haus eine Séance durch. Das Ergebnis waren drei zerbrochene Gläser, ein von der Wand gefallenes Bild und ein umgekippter Stuhl, eine klare Antwort auf die Frage „Was willst du uns mitteilen?" konnte nicht gefunden werden. Jedoch sind seit der spiritistischen Sitzung die Klopfgeräusche seltener geworden, so die betroffene Bewohnerin. Das Medium hat sich auch auf Spurensuche auf den Gehwegen rund um das Gebäude gemacht und telepathischen Kontakt mit dem toten Literaten aufgenommen, was angeblich aufgrund einer Blockade von seiner Seite aus ebenfalls nicht gelang. Er wolle nicht kommunizieren, so die Vermittlerin zwischen Diesseits und Jenseits, könne aber die Gegend aus einem bestimmten Grund nicht verlassen. Welcher das ist, wird wohl für immer sein Geheimnis bleiben.

Agatha Christie (1890–1976)

Der Geist, der Morde ankündigt

Agatha Christie zählt zu den erfolgreichsten Autorinnen der Literaturgeschichte – ihre 70 Krimis mit Figuren wie dem cleveren belgischen Detektiv Hercule Poirot oder der schrulligen britischen Hobbyermittlerin Miss Marple wurden vielfach verfilmt sowie auf zahlreichen Bühnen rund um den Globus aufgeführt. Ihre Bücher verkauften sich bis heute mehr als eine Milliarde Mal. Die Autorin ist Englands „Queen of Crime", weshalb die echte Queen, Königin Elisabeth II., sie 1971 in den Adelsstand erhob. Privat wurde sie erst mit ihrem zweiten Ehemann, dem Archäologen Max Mallowan, glücklich, den sie neben ihrer schriftstellerischen Tätigkeit bei seinen Ausgrabungen unterstützte. Agatha Christie hat auch einmal Hallstatt besucht und ist im Tod offenbar dorthin zurückgekehrt. Sie streift in einem langen, schwarzen Kleid durch die Straßen und zeigt hin und wieder auf bestimmte Menschen. Es sind zwei Fälle im Zusammenhang mit diesem unheimlichen Phänomen bekannt, wonach die von dem Geist „Auserwählten" später ermordet wurden.

*

Agatha Mary Clarissa, so der vollständige Name der späteren weltberühmten Krimiautorin, erblickte 1890 im Badeort Torquay an der Südküste von England als Tochter des US-Amerikaners Frederick Alvah Miller und der Britin Clarissa Margaret Boehmer das Licht der Welt. Mit ihrer Schwester Margaret und ihrem Bruder Louis wuchs sie wohlbehütet in der viktorianischen Villa „Ashfield" in Torquay an der idyllischen, im Süden des Landes gelegenen „englischen Riviera" auf. Bis zu ihrem 16. Lebensjahr wurde das Mädchen nicht in einer Schule, sondern von der Mutter unterrichtet, die ihr schriftstellerisches Talent zuerst als Flause abtat, nach den ersten Erfolgen jedoch förderte. Im

Alter von elf Jahren veröffentlichte Agatha ihr erstes Gedicht in einem Lokalblatt.

Doch das junge Mädchen saß nicht nur in der Stube und las ihre geliebten Sherlock-Holmes-Romane, sie galt in ihrer Jugend durchaus auch als wild, tanzte gerne und war die erste Britin auf einem Surfbrett – einmal wäre sie am Frauenstrand von Torquay nach einem waghalsigen Manöver fast ertrunken. Und es gab ein „unschickliches" Mitternachtspicknick mit einem jungen Mann namens Amyas Boston am Anstey's Cove, dessen Namensvetter sie später in einem ihrer Bücher brutal ermordete – obwohl in der Bucht außer Händchenhalten nichts passiert sein soll.

Finanziert hat den mehr als gutbürgerlichen Lebensstil der Familienvater Frederick, ein wohlhabender Lebemann, der sein Einkommen aus dem Immobilien- und Aktienhandel mit Geschäftsleuten aus seiner Heimat bezog. Darüber hinaus war das Wohnhaus, so wie damals allgemein üblich, den Sommer über stets an Gäste vermietet, während die Familie auf Urlaub weilte, bevorzugt in kleinen beschaulichen Orten in Frankreich oder auf den Kanalinseln.

In ihren Memoiren nannte Agatha Christie ihren Vater liebevoll einen „englischen Nichtstuer mit ausgeprägtem Hang zur Leichtlebigkeit". Er ging morgens in den Club, spielte Karten und Kricket, war pünktlich zum Essen wieder zu Hause, machte Geschäfte am Nachmittag und besuchte sonntags mit der gesamten Familie die Kirche.

Nach dem frühen Tod von Frederick Miller im Jahr 1901 wurde das Geld von Jahr zu Jahr knapper, sodass Agatha ihr 1907 begonnenes Musikstudium in Paris wieder abbrach. Zugleich gab sie damit ihren Wunsch, Konzertpianistin zu werden, endgültig auf. Finanzielle Hilfe kam schließlich von der älteren Schwester, die einen reichen Fabrikantensohn geheiratet hatte.

Ihre Mutter, Clarissa Miller, litt mittlerweile unter einer angeschlagenen Gesundheit, und die Ärzte rieten zu einem Klimawechsel. In den folgenden Jahren unternahm Agatha mit ihrer Mutter zahlreiche Reisen, die sie bis nach Afrika in die britischen Kolonien führten. Im Winter 1910 hielten sich die beiden einige Wochen lang in Kairo auf, wo unter den zahlreichen Landsleuten der besseren Gesellschaft ein Bräutigam für die 20-jährige Agatha gefunden werden sollte. Die verliebte sich aber erst zwei Jahre später, und zwar in Oberst Archibald Christie, einen Flieger der britisch-königlichen Luftwaffe, den sie 1914 heiratete – ganz überstürzt am Heiligen Abend, mit zwei Passanten als Trauzeugen, da der Soldat zurück an die Front musste.

Als junge Ehefrau arbeitete sie im Ersten Weltkrieg zuerst als Krankenschwester, danach in einer Apotheke. Während ihrer Ausbildungszeit als Pharmazeutin eignete sie sich ein umfangreiches Wissen über giftige Substanzen an, die später in ihren Krimis den Verbrechern als Mordwerkzeug dienten.

1919 wurde das einzige Kind des Paares, Tochter Rosalind Margaret Clarissa Christie, geboren und 1920 erschien der erste Kriminalroman der Autorin, „Das fehlende Glied in der Kette". In diesem Buch löste der belgische Detektiv Hercule Poirot, ein sehr von sich und seinen Fähigkeiten überzeugter, ordnungsliebender Gentleman, seinen ersten kniffligen Fall.

Schon bald fühlte sich Christie finanziell von ihrem Verlag betrogen, da sie von den Einnahmen ihrer Bücher nur einen kleinen Bruchteil erhielt. Sie beschloss, sich einen Agenten zu suchen, der ihre Interessen besser vertrat.

Die Einnahmen durch die Kriminalromane und Archies bescheidenes Gehalt als Bankangestellter sicherten der Familie in der Folge ein angenehmes Leben in mittelständischem Wohlstand. 1924 wurde eine Wohnung in Sunningdale, 45 Kilometer südwestlich von London, angemietet. Kurz darauf ging die Schriftstellerin mit ihrem Gatten, der von einem reichen Kunden als finanzieller Berater zu einer Tournee rund um den Globus engagiert wurde, auf Reisen. Nach der Rückkehr erfolgte die Übersiedlung der Familie auf einen vornehmen Landsitz, es wurde zudem eine Privatsekretärin angestellt und ein Auto gekauft.

Weltweite Berühmtheit erlangte die Künstlerin 1926 mit dem Werk „Alibi", wieder mit Hercule Poirot als Ermittler, der ein verbrecherisches Rätsel löste.

Im selben Jahr geriet Christie in eine schwere persönliche Krise: Sie erkrankte an einer hartnäckigen Bronchitis mit starken Schmerzen, ihre Mutter starb, die Familienvilla „Ashfield" musste geräumt werden und ihr Mann, mit dem sie ohnehin keine besonders harmonische Ehe führte, gestand ihr eine Affäre. Nach einer von vielen Streitereien verließ die Autorin am 3. Dezember 1926 kurz vor 22 Uhr das Haus mit unbekanntem Ziel. Ihr Auto wurde wenige Tage später an einem See gefunden, in dem sie bereits eine ihrer Krimifiguren hatte ertrinken lassen, von ihr selbst fehlte jede Spur. Es folgte eine spektakuläre Suchaktion, an der sich auch Schriftstellerkollege Arthur Conan Doyle, Schöpfer der Sherlock-Holmes-Romane, beteiligte. Zehn Tage nach ihrem Verschwinden fand man Christie in einem Hotel nahe ihrer Wohnadresse, in dem sie unter dem Namen der Geliebten ihres Mannes abgestiegen war. Sie kehrte nach Hause zurück, äußerte sich jedoch nie über diesen Vorfall.

Der Film „Agatha" aus dem Jahr 1979, in dem die bekannte Schauspielerin Vanessa Redgrave die Kriminalautorin verkörperte, rollte in einer dramatischen Inszenierung den Fall nochmals auf.

Nach ihrer Scheidung im Jahr 1928 brach Christie alleine zu einer ausgedehnten Reise in den Nahen Osten auf. Sie reiste über Dover und Calais mit dem Orient-Express nach Istanbul und weiter mit dem Taurus-Express nach Bagdad. Von dort aus begab sie sich in die Stadt Ur im heutigen Irak, in der damals Archäologen mit Ausgrabungen beschäftigt waren. Die Schriftstellerin zeigte sich fasziniert von dieser ihr völlig fremden Welt und freundete sich mit den Leitern des Teams, dem Ehepaar Woolley, an. Nach ihrer Rückkehr in die Heimat hielt es sie nicht lange in England, und so fuhr sie bereits im Frühjahr 1930 neuerlich nach Mesopotamien. Während dieses zweiten Aufenthalts lernte Christie den um 14 Jahre jüngeren Archäologen Max Mallowan kennen, in den sie sich verliebte und der sie nur Wochen später auf ihrer ungeplanten Heimreise wegen einer Erkrankung ihrer Tochter begleitete. Bereits im September desselben Jahres wurde geheiratet. Christie argumentierte den Altersunterschied mit folgendem lockeren Spruch weg: „Ein Archäologe findet eine Frau immer interessanter, je älter sie wird."

Einen Monat nach der Hochzeit erschien der Roman „Mord im Pfarrhaus", in dem zum ersten Mal die altjüngferliche, aber listige Miss Marple als Detektivin auftrat, die erstaunliche Ähnlichkeiten mit Christies Großmutter aufwies. Viele der danach erschienenen Bücher, etwa „Mord im Orient-Express" oder „Mord in Mesopotamien", entstanden während der archäologischen Expeditionen, die Christie mit

Die bekannte Kriminalautorin Agatha Christie hat sich auch in Hallstatt inspirieren lassen.

ihrem Mann in Asien unternahm. Sie unterstützte ihren Gatten bei seinen archäologischen Arbeiten, insbesondere bei der Restaurierung prähistorischer Funde. Einige der ans Tageslicht beförderten Exponate reinigte sie eigenhändig mithilfe ihrer Gesichtscreme und trug damit – laut Meinung von Experten – maßgeblich zu deren Erhalt bei. Darüber hinaus finanzierte und dokumentierte sie etliche der Grabungen. Das Ehepaar verbrachte allerdings auch viel Zeit getrennt voneinander, so konnten die beiden etwa während des Zweiten Weltkriegs vier Jahre lang nur Briefe wechseln, da er als Nahost-Experte in Kairo tätig war und sie in einem Krankenhaus in London aushalf.

1956 erhielt die Kriminalautorin den British-Empire-Orden, fünf Jahre später verlieh ihr die Universität Exeter die Ehrendoktorwürde. Ihr Ehemann Max wurde 1968 aufgrund seiner Verdienste auf dem Gebiet der Archäologie in den Ritterstand erhoben.

Hercule Poirot löste seinen letzten Fall im Krimi „Vorhang", in dem ihn die Künstlerin auch sterben ließ, da ihr zu diesem Zeitpunkt nach einem 1973 erlittenen Schlaganfall bereits klargeworden war, dass auch sie nicht mehr lange leben würde. Das Buch erschien fünf Monate vor ihrem Tod.

Ihren letzten öffentlichen Auftritt hatte Agatha Christie bei der Kinopremiere ihres Krimis „Mord im Orient-Express" im Jahr 1974, bei der auch die Queen und einige Angehörige des Königshauses im Saal saßen.

Miss Marple ermittelte ein letztes Mal im Roman „Ruhe unsanft", der erst im Oktober 1976 erschien, als die Schriftstellerin bereits über ein halbes Jahr in Frieden ruhte. Sie war an einem weiteren Schlaganfall verstorben, ihr Grab befindet sich auf dem Friedhof St. Mary's in Cholsey.

Mathew Prichard, Sohn ihrer Tochter Rosalind und einziger Enkel, führt den Vorsitz über die britische Gesellschaft, die ihr Vermächtnis verwaltet, ihre Bücher weiter vermarktet und sich um deren Neubearbeitungen kümmert.

Der Aufbau von Christies Romanen ist oft ähnlich: In einer „geschlossenen" Umgebung wie einem Pfarrhaus oder einem Zug geschieht ein Mord, und es gibt eine begrenzte Anzahl von Verdächtigen, die aber alle ein scheinbar wasserdichtes Alibi haben. Der jeweilige

Ermittler, wobei Hercule Poirot mit Logik, Miss Marple mit Intuition an die Sache herangeht, versucht nun, die beteiligten Personen in Widersprüche zu verwickeln und deren zeitliche sowie lokale Bezüge zum Tatort richtigzustellen, bis der Mörder überführt werden kann. Christies Romane zeichnen sich vor allen durch feinen Witz und pointierte Ironie aus, ebenso durch eine Entglorifizierung ihrer Helden. So machte sie sich etwa über Hercule Poirot lustig, wenn er in „Mord im Orient-Express" beim Essen Schwierigkeiten hatte, „seinen Schnurrbart aus der Suppe zu halten".

Die Schriftstellerin machte außerdem im Theater Karriere, denn sie bearbeitete ihre Romane selbst für die Bühne und war mit Begeisterung bei der Produktion dabei. Eines ihrer Werke, „Die Mausefalle", gilt als das am längsten ununterbrochen aufgeführte Theaterstück weltweit. Es handelte sich dabei um die Bearbeitung eines Hörspiels, das sich Königinmutter Mary 1947 zu ihrem 80. Geburtstag von Christie gewünscht hatte.

Der meistverkaufte Krimi der Welt stammt ebenfalls aus ihrer Feder und trägt den Titel „Und dann gab's keines mehr."

1977 erschien posthum die Autobiografie der Künstlerin mit dem Titel „Meine gute alte Zeit", die vorwiegend in den Jahren 1950 bis 1965 entstanden war und größtenteils Kindheitserinnerungen beinhaltet.

*

In den 1960er-Jahren hielt sich Agatha Christie mit ihrem Gatten Max Mallowan in Hallstatt auf, wo es aufgrund eisenzeitlicher Funde in einem Gräberfeld zahlreiche Ausgrabungen gibt, und bezeichnete es als Ort voller Faszination und Rätsel.

Doch nicht nur die archäologischen Funde machen diese Gegend noch heute so attraktiv für Gäste: Kein anderes Fleckchen Erde steht so sehr für alpenländische Idylle wie die Gemeinde „zwischen Fels und See" im Salzkammergut. Aufgrund natürlicher Salzvorkommen war Hallstatt schon früh besiedelt, und dank regem Handel gelangten die Bewohner bereits viele Jahrhunderte vor Christus zu einem gewissen Wohlstand, was die Entwicklung einer Hochkultur ermöglichte. Das Dorf strahlt aber nicht nur eine positive Atmosphäre aus, es herrscht an manchen Plätzen auch eine düstere, schaurige Stimmung, die schon viele Maler zu melancholischen Bildern inspirierte. Selbst die Sonne beleuchtet und wärmt nicht jede Stelle von Hallstatt – zumindest nicht im Winter, wenn vom 2. November bis 6. Februar der Ortsteil Echerntal im Schatten liegt.

Das geografische und gesellschaftliche Zentrum von Hallstatt bildet der historische Marktplatz, auf dem sich das Seehotel „Grüner Baum" befindet. Erstmalig im Jahr 1700 urkundlich erwähnt, logierten in dem Haus bereits Kaiser Franz Joseph und Sisi, der König von Siam, Johann Nestroy und Adalbert Stifter. Und in genau diesem Haus stiegen auch Agatha Christie und ihr Ehemann ab, um das Gebiet um die Ausgrabungen zu besichtigen.

In einem Brief an ihre Tochter schrieb die Kriminalschriftstellerin, dass auf dem Platz, an dem das Hotel steht, etwas Merkwürdiges vor sich gehen würde, das sie nicht einzuordnen vermochte, ihr davor aber „ordentlich graute".

Unter Umständen plagten die Literatin damals Vorahnungen, oder aber sie hat etwas mit dem dort herumgehenden Geist zu tun und wurde ihm nachgesandt, um bis in alle Ewigkeit in Hallstadt zu spuken. Es wird nämlich im Ort von Gästen aus dem Ausland immer wieder eine Frau gesichtet, die in einem langen, schwarzen Kleid und mit schwarzer Haube durch die Gegend um den „Grünen Baum" streift und dabei einen Strauß verwelkter Blumen in den Händen hält. Mit stechendem Blick fixiert sie entgegenkommende Passanten, geht danach jedoch schwebenden Schrittes weiter. Wenn sie die Hand hebt und auf eine Person zeigt, wird diese ermordet, heißt es. Bei dem übersinnlichen Wesen, das Auserwählte oder für paranormale Vorkommnisse empfängliche Menschen stets nur in Neumondnächten um Mitternacht herum sehen, soll es sich eindeutig um Agatha Christie handeln.

Tatsächlich wurde ein Fall in den USA bekannt, bei dem die junge Carrie Brandon nur wenige Tage nach ihrem Aufenthalt in Hallstatt in ihrer Heimat von ihrem eifersüchtigen Exfreund erstochen wurde. Zuvor hatte sie bei ihrer Rückkehr aus Österreich Freundinnen von der unheimlichen Frau auf dem Marktplatz mit dem starren Blick, dem auf sie gerichteten knöchernen Finger und den schwarzen, getrockneten Blumen in der Hand erzählt.

Eine weitere Bluttat geschah in Paris: Nachdem die Lehrerin Francis Le Blanc aus ihrem Urlaub in Hallstatt heimgekehrt war, starb sie an einer Überdosis Heroin, obwohl die junge Frau nie zuvor Drogen konsumiert hatte. Angeblich fiel sie einem Verbrechen zum Opfer. Die rätselhafte Tat konnte nie vollständig aufgeklärt werden.

Aber auch auf eine Namensvetterin der Kriminalautorin könnte das stumme Omen zutreffen: Am 6. Juli 2016 verschwand die US-Amerikanerin Eileeen Diana Christie, eine Ordensschwester aus New York, spurlos aus der Privatpension in Hallstatt, in der sie sich am selben Tag eingemietet hatte. Ihr letztes Lebenszeichen bestand aus einer E-Mail, die sie um 11.30 Uhr an Angehörige in den USA schickte. Eine andere Nachricht ging an eine Freundin, in der sie eine alte, schwarze Frau erwähnte, die „not from this side" sei, wie sie sich ausdrückte. Sie gab an, herausfinden zu wollen, was das für ein „scary ghost" sei und warum er auf sie gezeigt hatte. Welches Schicksal die Nonne erlitt, wird wohl für immer ungeklärt bleiben.

Paul Hörbiger (1894–1981)

Ein toter Mime, der Regen bringt

Paul Hörbiger zählte zu den bekanntesten und beliebtesten Volks-
schauspielern seiner Zeit und drehte mit Filmgrößen wie Hans Moser,
Magda Schneider und Heinz Rühmann. Meist schlüpfte er dabei in die
Rolle des galanten Hofrats, des trällernden Fiakers oder des wohlwol-
lenden Gelehrten und verkörperte dabei den herzensguten, liebens-
werten Leichtfuß. Doch der Mime konnte auch anders, privat ging es
in seinem Leben mehr turbulent als beschaulich zu – so wurde er einmal von einem eifersüchtigen Bräutigam angeschossen, er behauptete
außerdem, sein älterer Bruder Alfred sei von dessen Ehefrau vergiftet
worden, und er soll Unzucht mit einer Minderjährigen getrieben haben. Darüber hinaus verurteilten ihn die Nazis wegen Widerstands gegen die Reichspolitik zum Tod, dem er nur dank des Kriegsendes entkam. So ist es nicht verwunderlich, dass der Schauspieler nach solch
einem aufregenden Leben nicht zur letzten Ruhe kommen konnte,
und sich offenbar hin und wieder beim Leopold-Figl-Hof aufhält, wo
er bei seinem Verschwinden ein Wetterphänomen auslöst.

*

Pauls Vater war der Ingenieur Hanns Hörbiger, der Begründer der Welt-
eislehre, auch „Hörbigers Glacialkosmogonie" genannt. Laut dieser
These, die zu den kuriosesten Irrungen der Pseudowissenschaften zählt,
würden die meisten Körper im Weltall aus Eis oder Metall bestehen.
　　Pauls Mutter Leopoldine brachte den Knaben im zur k. u. k.-Mon-
archie gehörenden Budapest zur Welt. Er wuchs mit seinen zwei Brü-
dern, einer davon war Attila Hörbiger (verheiratet mit Paula Wessely,
Vater von Elisabeth Orth, Christiane und Maresa Hörbiger), im Kai-
serreich Österreich-Ungarn auf und lebte mit seiner Familie ab 1902
in Wien.

146

Nach der Matura diente Paul freiwillig im Ersten Weltkrieg in einem Gebirgsartillerie-Regiment, wurde mehrfach ausgezeichnet und 1918 zum Oberleutnant befördert. Danach besuchte er, mit mehr oder weniger großen künstlerischen Ambitionen die seit 1886 in Wien etablierte „Schauspielschule Otto", in der ihm großes Talent bescheinigt wurde. Auf diese Weise bestärkt, begann Hörbiger seine Karriere beim Stadttheater Reichenberg in Böhmen und spielte von 1920 bis 1926 mit großem Erfolg auf der Bühne des Deutschen Theaters in Prag, am liebsten Nestroy und Raimund. In dieser Zeit lernte er auch seine zukünftige Ehefrau, die deutsche Schauspielerin Josefa „Pippa" Gettke kennen. Eigentlich wollte die junge Frau ihren Kollegen Rudolf Dietz heiraten, entschied sich dann aber für Hörbiger, worauf ein – zum Glück erfolgloser – Mordanschlag auf ihn verübt wurde.

Am 11. August 1921 war darüber in der „Linzer Tagespost" zu lesen: *Der jugendliche Schauspieler Rudolf Dietz, Sohn eines bekannten Fabrikanten, war mit der Naiven des Prager Deutschen Landestheaters Pippa Gettke verlobt, die er bei einem gemeinsamen Engagement am Wiener Volkstheater kennen gelernt hatte. In wenigen Wochen hätte die Hochzeit stattfinden sollen. Dietz benützte die Ferien zu einer Reise ins mährische Mittelgebirge, wo er dieser Tage in dem kleinen Städtchen Wisowitz übernachten wollte. Als er das Fremdenbuch des Hotels nachsah, fand er darin den jugendlichen Bonvivant des Prager Deutschen Landestheaters Hörbiger eingetragen und ging in dessen Zimmer, um den Kollegen zu begrüßen. Er überraschte ihn mit Pippa Gettke, welche die Abwesenheit des Bräutigams zu einem kleinen Ausflug benützt hatte. Dietz zog seinen Revolver und feuerte zweimal auf Hörbiger, der schwer verwundet zusammenbrach. Einen dritten Schuss gab er gegen die eigene Brust ab. Sowohl Hörbiger wie Dietz sind schwer verletzt.*

Hörbiger wurde daraufhin ins nahegelegene „Irrenhaus" getragen und als er transportfähig war, ins Sanatorium Hera nach Wien verlegt. Noch am Krankenbett heiratete er seine Pippa mit Bruder Attila als Trauzeugen – das Paar bekam drei Kinder, darunter Monica, die Mutter des Schauspielers Christian Tramitz. Die Ehe hielt allerdings nur bis 1939.

Nach seiner Genesung kehrte der Schauspieler ans Deutsche Theater in Prag zurück und spielte dort den „Liliom" im gleichnamigen

Stück, witzelte einige Male darüber, dass er die Sterbeszene so glaubwürdig wie noch nie zuvor spielen konnte, weil er ja mittlerweile Übung darin habe. Rudolf Dietz verstarb einige Jahre nach seiner Tat in einer Nervenheilanstalt.

Der große Durchbruch gelang dem Charaktermimen mit seinem Engagement am Deutschen Theater in Berlin von 1926 bis 1940, das von Max Reinhardt geleitet wurde. Ab 1929 war er zudem als Kabarettist und Komiker an den Baranowsky-Bühnen tätig.

Mit der Verbreitung des Tonfilms in den 1930er-Jahren entwickelte sich Hörbiger zu einem der populärsten und beliebtesten deutschsprachigen Schauspieler, der in seinen Rollen einen herzensguten und lebenslustigen Menschen verkörperte. Einer seiner wichtigsten Schauspielkollegen und engsten Freunde war Hans Moser, mit dem er einen kongenialen Partner für so manchen pointierten und witzigen verbalen Schlagabtausch an der Seite hatte.

Im Jahr 1936 gründete Hörbiger mit dem Regisseur Emerich Josef Wojtek Emo und dem österreichischen Konsul und Filmproduktionsleiter Karl Künzel in Berlin die Algefa-Film. 1938 stellte sich der Schauspieler, wie viele andere Künstler jener Zeit, der NS-Propaganda zur Verfügung, wandte sich jedoch schon bald vom Nationalsozialismus ab und konnte in der Folge dank seiner Popularität vielen jüdischen Kollegen zur Flucht in die Schweiz verhelfen.

Von 1940 bis 1943 spielte Hörbiger im Ensemble des Wiener Burgtheaters und trat 1943 als Papageno in Mozarts „Die Zauberflöte" bei den Salzburger Festspielen auf. 1944 ließ ihn der Nationalsozialist Joseph Goebbels auf die sogenannte „Gottbegnadeten-Liste" setzen, er galt somit als unersetzbar und musste als mehr oder weniger unantastbarer Künstler auch nicht zum Dienst an die Front. Aufgrund dieser „Narrenfreiheit" innerhalb des Regimes schloss er sich gegen Ende des Zweiten Weltkriegs einer kleineren Gruppe von Widerständlern an und gewann auch Künstler wie Oskar Sima und Theo Lingen als Mitglieder. Allerdings dürfte er seinen Status im Reich Hitlers überschätzt haben, und so wurde er 1945, als seine politische Haltung bekannt wurde, von der Gestapo verhaftet. Der Führer, der ihm bei einer Audienz mit den Worten „Ich liebe Ihre Filme" schmeichelte, blieb ihm als „läppischer Mensch", der „aus der Goschen stank", in Erinnerung.

*Paul Hörbiger war Häftling in der Wiener Gestapo-Zentrale, dort,
wo heute der Leopold-Figl-Hof steht.*

Die Gestapo hatte sich damals im ehemaligen Luxushotel Metropol am Morzinplatz einquartiert und war mit rund 900 Mitarbeitern die größte und aufgrund ihrer „Leistungen" auch die erfolgreichste Dienststelle ihrer Art im Deutschen Reich. Tagtäglich sind hier bis zu 500 Menschen nach einer Verhaftung eingeliefert und verhört worden, einige von ihnen auch mehrmals hintereinander.

Die Schutzhäftlinge brachte man durch einen Hintereingang in der Salztorgasse direkt in den Keller des Gebäudes, der als Gefängnis und Folterkammer diente. Dort erpressten die Beamten durch physische und psychische Gewalt – nicht selten mit Todesfolge – Geständnisse und Denunziationen. Von hier aus wurden auch die Deportationstransporte in die Konzentrationslager organisiert. Zu jener Zeit dürften insgesamt etwa 50 000 Personen ins Visier der Wiener Gestapo geraten sein, etwa ein Viertel davon hat man erkennungsdienstlich erfasst und rund 6000 Männer, Frauen und Kinder hingerichtet. Die Leichen sind meist bei Nacht und Nebel zum Zentralfriedhof transportiert und dort an einer Stelle verscharrt worden (heute befindet sich dort eine Gedenkstätte).

Dieses Los blieb Hörbiger zum Glück erspart – die Gestapo hat ihn im Gebäude am Morzinplatz mehrmals verhört und letztlich von dort aus ins Wiener Landesgericht überstellen lassen, wo er zum Tode verurteilt wurde, jedoch rettete ihm das Kriegsende das Leben. Zuvor hatte die BBC fälschlicherweise bereits die Nachricht von seinem Tod verbreitet.

Der Schauspieler bezog dann ein Quartier im Schloss Wilhelminenberg in Wien, wo man erholungsbedürftige Kinder und ehemalige KZ-Häftlinge, die noch keine eigene Wohnung hatten, beherbergte.

Das Gestapo-Haus brannte am 12. März 1945 nach dem schweren Luftangriff auf Wien durch die US-Amerikaner vollständig aus. In dem 1948 gedrehten Film „Der dritte Mann" ist in einer der Sequenzen das in Trümmern liegende Gebäude zu erkennen, ein oder zwei Jahre später wurde die Ruine abgerissen. Auch Hörbiger wirkte in dem britischen Schwarzweiß-Thriller von Carol Reed mit, und zwar in der Rolle des Portiers Karl.

Im Jahr 1968 hat man an der Stelle der ehemaligen Gestapo-Zentrale die Wohnanlage Leopold-Figl-Hof (Franz-Josefs-Kai 31–33, 1010

Wien) errichtet, da auch der Namensgeber des Hauses zu den Häftlingen im Gestapo-Haus zählte. An der Vorderfront der Wohnhausanlage befindet sich ein Relief zur Erinnerung an die NS-Opfer, gegenüber steht seit 1985 ein Mahnmal, gehauen aus Mauthausener Granit, das folgende Inschrift trägt: *Hier stand das Haus der Gestapo. Es war für die Bekenner Österreichs die Hölle. Es war für viele von ihnen der Vorhof des Todes. Es ist in Trümmer gesunken wie das Tausendjährige Reich. Österreich aber ist wiederauferstanden und mit ihm unsere Toten. Die unsterblichen Opfer.*

Auf dem obersten Steinquader sind außerdem die Worte *Niemals vergessen* zu lesen. Flankiert wird dieser Spruch von zwei der ehemaligen NS-Zwangskennzeichnungen, dem roten Dreieck der politischen Gefangenen und dem gelben Judenstern. In einer Nische befindet sich eine Bronzefigur – ein die Faust ballender, vorwärtsschreitender Mann – der als Sinnbild der Überwindung der schwärzesten Jahre Österreichs gilt.

Hörbiger setzte seine Karriere nach dem Krieg weiter fort, betätigte sich in der Folge vorwiegend als Filmschauspieler, beispielsweise in „Hallo Dienstmann", „Mädchenjahre einer Königin" und „Charleys Tante". An seiner Seite wirkten neben Hans Moser bekannte Filmgrößen wie Susi Nicoletti, Maria Andergast, Waltraud Haas, Magda und Romy Schneider, Rudolf Vogel, Peter Weck und Heinz Rühmann. Insgesamt war er in über 200 Filmen der galante Hofrat, der trällernde Fiaker oder der wohlwollende Gelehrte.

Von 1947 bis 1949 fungierte er als Präsident des First Vienna FC 1894, bei dem es sich um den ältesten österreichischen Fußballverein handelt.

In den 1950er-Jahren investierte Hörbiger viel Zeit in die Aufklärung des rätselhaften Ablebens seines Bruders Alfred, der im Juli 1945 unter ungeklärten Ursachen in der Innsbrucker Universitätsklinik verstarb. 1951 erstattete der Schauspieler Anzeige, da er einen Mord vermutete und seine Schwägerin Martina verdächtigte, ihren Mann vergiftet zu haben. Trotz der Einwände seines Bruders Attila, der an eine natürliche Todesursache glaubte, kam es zu zahlreichen Prozessen inklusive Exhumierung und Obduktion des Leichnams. Im Zuge der Prozesse, die Hörbiger auslöste, wurde er 1958 wegen falscher Anschuldigung gegenüber einem Staatsanwalt zu sechs Wochen strengen Arrests verurteilt, musste die Haftstrafe aber nicht antreten, da ihm das Gericht eine dreijährige Bewährungsfrist zubilligte.

Im selben Jahr entging Hörbiger aus Mangel an Beweisen nur knapp einer langjährigen Haftstrafe, nachdem man ihn zuvor angeklagt hatte, während der Dreharbeiten zu einem Film bei Langenlois eine 13-Jährige in seinem Auto missbraucht zu haben. Er gab jedoch an, er hätte ihr nur ein paar „Busserln" gegeben.

Kurz darauf stellte seine Schwägerin Martina die Zurechnungsfähigkeit des Schauspielers infrage, woraufhin er sich freiwillig einer psychiatrischen Untersuchung unterzog. Das Ergebnis des Fachmediziners lautete: Abseits der Schablone, aber nicht krankhaft!

Sämtliche Verfahren betreffend den Tod von Alfred Hörbiger wurden 1963 mangels Beweisen eingestellt.

Im Jahr 1964 nahm Hörbiger gemeinsam mit Hans Moser das Musikalbum „Servus Wien" auf und konzentrierte sich wieder auf seine Bühnenauftritte; ab 1965 war er neuerlich Ensemblemitglied des Burgtheaters und spielte in zahlreichen Fernsehfilmen. In diese Zeit fällt auch die Versöhnung mit seinem Bruder Attila.

Hörbigers letzte Premiere am Burgtheater fand 1979 mit „Komödie der Eitelkeit" von Elias Canetti statt – er trug in dem Stück noch einmal die typische Kappe des Wiener „Schani" wie Jahre zuvor im Film „Hallo Dienstmann".

Zuletzt lebte der Schauspieler, schwer herzkrank, in einem kleinen Dorf in Niederösterreich. Wenn im Fernsehen seine Filme liefen, pflegte er zu sagen: „Ich lach' über mich und zähle die toten Kollegen." Und aus seinen Memoiren zitierte er gern den letzten Satz: „Ihr werdet's net so lang um mich weinen, wie's über mich g'lacht habt's."

Hörbiger starb nach einer Herzattacke in einem Wiener Krankenhaus, sein Ehrengrab befindet sich auf dem Wiener Zentralfriedhof.

*

Auf dem Areal, auf dem sich der heutige Leopold-Figl-Hof befindet, stand zunächst das später abgebrannte Quai-Theater, danach das luxu-

riöse Hotel Metropol, das man 1871 bis 1873 anlässlich der Weltausstellung in Wien baute. Nach der Sprengung des Gebäudes, in das sich die Gestapo-Zentrale einquartiert hatte, wählte nie wieder ein Hotel in Wien den Namen „Metropol".

Einer der berühmtesten Gäste der Nobelunterkunft war der US-amerikanische Schriftsteller Mark Twain, der dort während seines Wien-Aufenthalts ab 1897 über Monate sieben der 300 Zimmer bewohnte, bevor er ins Hotel Krantz, das heutige Ambassador, übersiedelte. Und er soll in dem Wohnhaus noch heute kräftig spuken, er machte sich unter anderem durch das Flüstern seines Namens in das Ohr einer Bewohnerin bemerkbar.

Doch es gibt noch mehr Geister auf dem Morzinplatz, wo so viele Menschen gequält, misshandelt und in den Tod geschickt wurden.

Auch die Seele des Schauspielers Paul Hörbiger scheint an diese Lokalität gebunden zu sein, das nehmen zumindest sensitive Menschen seit einigen Jahren wahr. Sie berichten einhellig über die Stimme des Schauspielers, die sie auf ihrem Weg über den Platz, vorbei am Mahnmal zum Gedenken an die NS-Opfer, begleitet. Die einen erzählen von empörten Rechtfertigungen, andere von Aufrufen zum Widerstand, wieder andere vom Vortrag seiner Lieblingsrolle des Liliom vor den typischen Geräuschen eines Ringelspiels.

Eine besonders schaurige Beobachtung hat ein Pensionist vor dem Leopold-Figl-Hof gemacht, in dem er einen Bekannten besuchen wollte. Er sah den Schauspieler lässig vor dem Eingang an der Hausmauer lehnen, das Haar mit Pomade nach hinten frisiert, mit schmalem Schnurrbart, Frack mit weißem Hemd und roter Fliege, die Hände in die Hosentaschen gesteckt, mit den Füßen in glänzenden Lackschuhen einen halben Meter über dem Asphalt schwebend. Die blassblau schimmernde Erscheinung war umgeben von einer nebelartigen Aura, die sich im sommerlich-warmen Luftzug bewegte, während darin kleine Lichtpunkte tanzten. Als der ältere Herr auf die paranormale Erscheinung zuging, um seine Hand nach ihr auszustrecken, verzog diese ihren Mund zu einem breiten Lächeln, verbeugte sich galant und fiel danach zur Seite hin um. Dabei löste sie sich in einem Wirbel aus Lichtpunkten auf, die wie in einem starken Sog nach oben rotierten, immer weiter aufstiegen und sich schließlich verflüchtigten. Kurz darauf fielen riesige eiskalte Wassertropfen vom Himmel, obwohl weit und breit kein Wölkchen zu sehen war und es rundherum auch nicht regnete. Als sich der Mann umsah, stellte er fest, dass ihn mehrere Passanten entgeistert musterten. Einige blickten zum strahlend blauen Firmament empor und schüttelten dabei verwirrt die Köpfe. Bis heute ist nicht geklärt, wie es zu diesem „Wetterphänomen" kommen konnte und auch nicht bekannt, ob es sich an dieser Stelle wiederholt hat. Auch der Geist wurde dort angeblich nicht mehr gesichtet. Was sich die Bewohner des Hauses untereinander zuraunen, steht allerdings auf einem anderen Blatt.

Walt Disney (1901–1966)

Über den Tod hinaus ein treuer Besucher

Der US-Amerikaner Walt Disney erfand unzählige bis heute bekannte und beliebte Zeichentrickfiguren und erweckte sie auf der Leinwand zum Leben, produzierte Naturfilme und schuf in Los Angeles/Kalifornien ein gigantisches Filmimperium. Er galt als Visionär und Meister der Animationstechnik und zählt als Erschaffer von Donald Duck, Mikky Maus und Co sowie mit seinen Vergnügungsparks zu den prägendsten Persönlichkeiten des 20. Jahrhunderts. Was viel weniger Menschen wissen: Er trug in seiner Heimat wesentlich zu einem positiven Image Österreichs bei. Als Geist wird Disney in den USA häufig nachts von der Security im Disneyland gesichtet, und in Wien spukt er rund um das Hotel Imperial auf der Ringstraße, wo er während seiner Drehs in Wien gewohnt und den imperialen Luxus genossen hat.

*

Walter, genannt „Walt", Elias kam am 5. Dezember 1901 als viertes von fünf Kindern des kanadischen Bauunternehmers Elias Disney und dessen deutsch-amerikanischer Frau Flora Call zur Welt und wuchs auf einer Farm in Missouri auf. Er und seine Geschwister mussten bei der Bewirtschaftung des Bauernhofs helfen, doch Walt interessierte sich von Anfang an nur fürs Zeichnen. Im Alter von 14 Jahren nahm er das erste Mal Kunstunterricht.

Nach dem Ende des Ersten Weltkriegs begann Disney mit dem bekannten Zeichenkünstler Ub Iwerks, dem späteren Gestalter der „Entenhausener", zusammenzuarbeiten. Danach stellte er die ersten Cartoons her, die er „Laugh-o-Grams" nannte, und setzte damit den Grundstein für seinen Erfolg. Mit seinem älteren Bruder Roy produzierte er Kurzfilme mit dem Titel „Alice Comedies" und kombinierte dabei erstmalig Trickfilmfiguren mit realen Schauspielern.

Zusammen mit Roy als Finanzchef und Ub Iwerks als Art Direc-
tor setzte Disney weitere Ideen in Trickfilmen um. Schon kurze Zeit
später hörte er selbst auf zu zeichnen und überließ seinem kreativen
Geschäftspartner das Entwerfen der Figuren.

1925 heiratete Disney Lillian Maria Bounds. Das Paar würde später
eine leibliche Tochter bekommen und ein Mädchen adoptieren.

1927 kreierte das Studio „Oswald, den lustigen Hasen" im Auftrag
der Universal Pictures, der als Vorläufer von Micky Maus gilt – den
Ehren-Oscar für den Entwurf der Figur erhielt allerdings Disney und
nicht Ub Iwerks.

Als im selben Jahr der erste kommerziell aufgeführte Tonfilm der
Filmgeschichte, „The Jazz Singer", auf der Leinwand auftauchte, hatte der Künstler die nächste Idee: Er untermalte die Handlung der ge-
zeichneten Bilder mit Ton- und Musikeffekten. Damit wurde seine
neue Produktion, „Steamboat Willie", in der erstmalig Minnie Maus
und Kater Karlo in Erscheinung traten, zur Weltsensation.

Ebenfalls 1928 wurde der erste richtige Micky-Maus-Cartoon, „Pla-
ne Crazy", als Stummfilm uraufgeführt und ein Jahr später vertont.

Mittlerweile produzierte Disney parallel zu den Micky-Maus-Fil-
men die Reihe „Silly-Symphonies", in der er neue Techniken auspro-
bierte – etwa Technicolor für natürlicher wirkende Farben.

Als er Beschwerdebriefe erhielt, weil der smarte und seriöse Mickey
hin und wieder doch zu frech war, hatte er eine Idee: Er entwickelte
eine eigene Figur, die ihren Schnabel in jeder Situation weit aufriss,
meckerte, schimpfte und andere beleidigte: die Ente Donald Duck! Ihren ersten Auftritt hatte sie 1934 im Silly-Symphony-Film „Die kluge
kleine Henne".

Es folgten unter anderen die beliebten Figuren Dagobert, Daisy,
Goofy und Pluto, die bereits von verschiedenen für Disney arbeiten-
den Cartoonisten entworfen wurden; einer der wichtigsten Zeichner
war Carl Barks.

1935 besuchte Disney Wien und verliebte sich in die Stadt. Aus diesem Grund ließ er ein paar Jahre später auch seine allwissende Figur
Primus von Duck hier auf die Welt kommen.

1937 erschien der Disney-Film „Die alte Mühle", bei dem der Meister der Animationstechnik erstmals sein neues Multiplanverfahren

für mehr Tiefenwirkung anwendete. Zwei Jahre später erhielt er für die gelungene und erstmalig abendfüllende Zeichentrickverfilmung von „Schneewittchen und die sieben Zwerge" einen Ehren-Oscar von der Filmakademie. Es folgten unter anderem die Streifen „Pinocchio", „Dumbo" und – Disneys Lieblingswerk – „Bambi", die bis heute als Zeichentrickklassiker gelten.

Mit dem 1940 die Kinoleinwände erobernden Musikfilm „Fantasia" gelang dem Visionär ein absolutes Novum: Es handelte sich um den ersten Zeichentrickfilm der Welt, dessen Soundtrack mit Stereoton versehen war und der Werke von berühmten Komponisten wie Beethoven, Tschaikowski und Strawinsky mit animierten Szenen kombinierte. 1942 erhielt der Künstler auch dafür einen Ehren-Oscar.

Nach dem Zweiten Weltkrieg produzierte Disney mit Leidenschaft Abenteuerfilme wie den bekannten Streifen „20 000 Meilen unter dem Meer" nach Jules Verne, in den 1950er-Jahren weitere bekannte Zeichentrickfilme wie „Peter Pan", „Alice im Wunderland" und „Cinderella".

Darüber hinaus entstanden einige Dokumentarfilme, beispielsweise „Die Robbeninsel", für den Hollywood-Produzent Disney einen Oscar bekam und der als erfolgreiche Kinovorführung dem bis dahin wenig beachteten Genre Auftrieb verlieh.

Doch Disneys Einfallsreichtum war noch lange nicht erschöpft – was ihm für die Umsetzung seiner kreativen Geniestreiche fehlte, war Geld. Sein Bruder Roy riet ihm in seiner Funktion als finanzieller Berater, das aufkommende Fernsehen für seine Pläne zu nutzen.

Mit einer TV-Show namens „Disneyland" entwickelte sich der Filmemacher zu einer Art „Märchenonkel der Nation", der seine neuesten Produktionen vorstellte, verschiedene Techniken erklärte oder Fernsehserien anmoderierte, beispielsweise seine Hits „Davy Crokkett" oder „Unser Freund das Atom".

Im Juli 1955 eröffnete der einfallsreiche Künstler sein erstes „Disneyland" in Anaheim, südlich von Los Angeles, ab 1964 entstand ein zweiter Vergnügungspark in Orlando, Florida, dessen Eröffnung im Jahr 1971 er nicht mehr miterleben sollte.

1957 besuchte Walt Disney wieder Wien. Der bekannte US-amerikanische Trickfilmer wurde mit offenen Armen von höchster Stelle empfangen, plante er doch, im Land Dokumentationen und Filme mit realhistorischem Hintergrund über österreichische Kulturwerte zu drehen. Er wollte damit das Volk in seiner Heimat begeistern und davon überzeugen, dass man die einstigen Kriegsgegner auf US-Seite ziehen müsse und nicht den Russen überlassen dürfe.

Der erste Film in dieser Reihe handelte von den Wiener Sängerknaben, doch um diese touristische Attraktion besser in Szene setzen zu können, legte der Meister zuvor hier und da ein wenig Hand an: Wirkten die Wiener Sängerknaben mit ihren Dreispitzhüten zuvor eher wie kleine Totengräber, sahen sie nach dem Umstyling der Amis aus wie eine Gruppe kleiner Donald Ducks. Darüber hinaus trugen sie nun plakativ das Wappen der Republik Österreich, den Seeadler, auf ihrem Anzug – seit diesem Tag ist der Vogel auf der Brust der Burschen von ihrem Outfit nicht mehr wegzudenken.

Im Jahr 1962 wurde Walt Disney von Bürgermeister Franz Jonas im Wiener Rathaus empfangen. Davor war der Film „Die Flucht der weißen Hengste" mit unter anderen Lilli Palmer, Curd Jürgens und Fritz Wepper in den Hauptrollen entstanden. Er handelte von der Evakuierung der Lipizzaner der Spanischen Hofreitschule im Zweiten Weltkrieg.

Der Gast aus den USA erhielt zur Erinnerung an seinen Aufenthalt in Wien einen Abguss des ältesten Stadtsiegels aus dem Jahre 1226 und einen Porzellan-Lipizzaner aus der Augarten-Manufaktur.

Im selben Jahr wurde von dem amerikanischen Filmteam unter Disneys Regie mit reichlich feudalem Prunk, beispielsweise in Hübners Kursalon im Wiener Stadtpark, ein Film gedreht, der Johann Strauß und sein adeliges Umfeld „verherrlichen" sollte – er trug den Namen „Liebe im ¾-Takt". In den Hauptrollen waren unter anderen Senta Berger, Fritz Eckhardt und Peter Kraus zu sehen. Disney wusste, dass dieses habsburgisch-pompöse Flair in Kombination mit dem Wiener „Schmäh" in seiner Heimat gut ankommen würde.

Damit die Filmcrew in der Lage war, den Charme der Stadt perfekt auf Celluloid zu bannen und über den großen Teich zu transportieren, wurde das US-Drehteam von der Fremdenverkehrsstelle der Stadt Wien betreut und kompetent beraten.

Disney und seine Kameraleute stiegen bei jedem ihrer Aufenthalte in Wien im Hotel Imperial ab. Als der Künstler einmal im „Sacher" speiste, wurde ihm dort eine Rehpastete mit den Worten „It's a pie of venison" empfohlen. Der Oberkellner hatte den Begriff extra im Englisch-Lexikon nachgeschlagen, als er erfuhr, dass sich der berühmte Disney angekündigt hatte. Tatsächlich war „venison" im Amerikanischen aber nicht gebräuchlich, woraufhin der Filmproduzent nachfragte: „You mean a deer?" Das wiederum verstand der gute Mann vom Bedienungspersonal nicht und erklärte schließlich in seiner Verzweiflung: „It's a pie of Bambi" – eine Horrorvorstellung für Disney. Er bestellt rasch etwas anderes und speiste danach ganz vorzüglich, wie er später am Filmset berichtete.

1964 eroberte der erfolgreichste aller Disney-Spielfilme die Leinwände der US-Kinos, ausgezeichnet mit fünf Oscars: „Mary Poppins".

Der letzte Film, an dem der Künstler persönlich mitwirkte, war „Das Dschungelbuch", dessen Fertigstellung er nicht mehr erlebte.

Disney wollte nach seinem letzten Dreh in Wien im Jahr 1962 bald wieder in die Stadt zurückkehren, doch dazu sollte es nicht mehr kommen – er starb im Dezember 1966 an Lungenkrebs als Folge seines übermäßigen Tabakkonsums und wurde im Forest Lawn Memorial Park in Glendale, Kalifornien, beigesetzt.

Nach dem Tod des Filmemachers übernahm sein Bruder Roy dessen Imperium, führte das Unternehmen Walt-Disney-Productions und leitete die Geschäfte der Vergnügungsparks.

Auch wenn Disney nicht mehr zurück nach Wien kam, eroberten zumindest seine Figuren 2014 die österreichische Hauptstadt: Im Heft „Die Ducks in den Alpen" reist die Entenfamilie durch ganz Österreich. In Wien kauft Donald Mozartkugeln, besucht Dagobert das Sigmund-Freud-Museum und jagt Klaas Klever vor den Augen Niki Laudas einen Elefanten durch Schönbrunn.

*

Zu Disneys bekanntesten Zitaten zählt: „Wenn du es dir vorstellen kannst, kannst du es auch machen." Er hatte passend dazu eine eigene Methode entwickelt: Der Zeichentrickfigurenerfinder analysierte und moderierte seine inneren Dialoge, indem er nacheinander drei Stimmen zu Wort kommen ließ, dafür sogar auf drei verschiedenen Stühlen Platz nahm: den Träumer, den Realisten und den Kritiker. Erst, wenn alle drei Instanzen gehört wurden, setzte er eine Idee in die Tat um. Diese Kreativitätstechnik wird bis heute angewandt und trägt den Namen ihres Erfinders.

Der bekannte Hollywood-Filmproduzent konnte sich auch vorstellen, nach seinem Tod als Geist unter den Lebenden zu wandeln, wie er Freunden gegenüber immer wieder betonte. In den USA gibt es mehrere Orte, an denen Disney spuken soll, aber auch in Wien ist der berühmte Amerikaner als Wesen aus dem Jenseits unterwegs – und zwar auf dem Weg ins Hotel Imperial.

Ab 1862 als Privatresidenz des Fürsten Philipp von Württemberg erbaut, verwandelte sich das hoheitliche Palais an der prächtigen Wiener Ringstraße für die Weltausstellung 1873 zum noblen Hotel, in dem seit jener Zeit die High Society aus aller Welt logiert und sich die feine Gesellschaft trifft. Zu Beginn des Jahres 2016 kaufte ein Stammgast, der sich in den „königlichen Palast" verliebt hatte, den Betrieb kurzerhand um 78,8 Millionen Dollar auf. Bei dem neuen Besitzer handelt es sich um Khalaf Ahmad Al Habtoor aus den Vereinigten Arabischen Emiraten.

Das traditionsreiche Haus hat schon viele prominente Gäste beherbergt, etwa Richard Wagner, Richard Nixon, Prinz Charles und Diana, Charlie Chaplin, Thomas Mann, Zarah Leander, Whoopi Goldberg, Tina Turner, Alfred Hitchcock, Peter Ustinov, Luciano Pavarotti, Mick Jagger, Karl Lagerfeld und viele mehr. Michael Jackson schrieb in den Räumlichkeiten des Prachtbaus im Jahr 1995 seinen „Earth Song".

Als das Hotel während des Zweiten Weltkriegs von den Nazis besetzt war, nächtigte Adolf Hitler am 14. März 1938 im Appartement 103, hielt von seinem Balkon aus eine Rede an das Volk und empfing in einem der Salons Kardinal Theodor Innitzer.

Doch zurück zu Disney, der sowohl 1935, wie auch in den Jahren 1957 und 1962 eines der „imperialen" Zimmer mit pompöser Ausstattung und Blick auf die belebte Ringstraße bezog. Er liebte das monarchistische Flair der Stadt und genoss jede Minute in Wien, was der Grund dafür sein dürfte, dass er in der Nähe des Hotels herumspukt. Ganz besonders häufig wird er von Passanten in der Canovagasse gesichtet, und zwar in Form eines geisterhaften Lichts, das in menschenähnlicher Gestalt etwa zehn Zentimeter über dem Boden dahingleitet. Nur hin und wieder steigt es höher und hängt ruhig in der Luft, bis es sich dreht und danach davonschwebt.

Ein Medium hat sich im Jahr 2013 dieses paranormalen Phänomens angenommen, da es mehrfach gesichtet worden war, ohne dass man wusste, um wessen unerlöste Seele es sich bei der Erscheinung handelte. Nach erfolgreicher Kontaktaufnahme und Entschlüsselung der Andeutungen, die das Geisterwesen dem Medium ins Ohr hauchte, hatte es eine Ahnung, um wen es sich handeln könnte. Die Annahme wurde im Laufe einer weiteren Séance, nachts hinter dem Hotel Imperial, durch gezieltes Nachfragen bestätigt: Disney taucht als Geist immer wieder in der Stadt auf, die ihm so gut gefallen hat und in der er sich sehr wohl gefühlt hat, ohne sich davon lösen zu können. Als ihm das Medium anbot, die Gebundenheit aufzuheben, lehnte er das empört ab und brach den Kontakt ab – es kam bis heute keine weitere Kommunikation mehr zustande und die Lichtgestalt wird nach wie vor rund um das Hotel Imperial von vorbeispazierenden Personen wahrgenommen. Vorwiegend zeigt sich der Spuk in warmen Frühlings- und Sommernächten zwischen 22 Uhr und Mitternacht.

Liesl-Elisabeth Goldarbeiter (1909–1997)

Eine geisternde Miss Universum in Schwarz-Weiß

Lisl Goldarbeiter, von Arthur Schnitzler als eines dieser „süßen Wiener Mädel" beschrieben, wuchs als Tochter eines aus Ungarn stammenden Juden im 2. Wiener Bezirk im Schatten riesiger Lagerräume und Kühlhallen auf. Ihre Kindheit war von Armut geprägt, doch sie träumte von einer großen Zukunft, wenn sie die Stars im Prater beobachtete. Sie wollte ebenfalls einmal berühmt sein – was ihr auch gelang: Lisl wurde in Amerika zur ersten und einzigen Miss Universum aus Österreich gekürt. Im Jahr 2005 hat ein ungarischer Filmemacher ihr Leben unter dem Titel „Miss Universe 1929 – Lisl Goldarbeiter. A Queen in Wien" filmisch dokumentiert.

Die schönste Frau der Welt geistert in ihrer ehemaligen Wohngegend stets in Begleitung ihres einstigen Verehrers und späteren Ehemanns Moritz Tänzer herum. Zusammen schreiten sie Arm in Arm, in Schwarz-Weiß und völlig tonlos, wie einem alten Stummfilm entsprungen, durch die Straßen und zeigen sich vorwiegend älteren Damen.

*

Liesl-Elisabeth, genannt Lisl, wurde als Tochter des aus Ungarn stammenden jüdischen „Galanteriewarenhändlers" (der Accessoires wie billigen Schmuck, Parfüms, Knöpfe, Schnallen, Fächer usw. verkaufte) Isidor Goldarbeiter und der Österreicherin Aloisia in Wien geboren. Sie wuchs im 2. Wiener Gemeindebezirk (Leopoldstadt) im Schatten der Lagerhäuser nahe des Praters auf. Eigentümer der wuchtigen Bauten und des für die Infrastruktur der Donaumetropole so bedeutenden Unternehmens war die Erste Österreichische Aktiengesellschaft für öffentliche Lagerhäuser, gegründet im Jahr 1889.

Lisl lebte mit ihren Eltern in dem bescheidenen Haus Freilagergasse 5 (heute Vivariumstraße 11), welches an das Viadukt der Bahnlinie grenzte. Impressionen aus ihrer Kindheit zeigen riesige Lagerräume, Kühlhallen und lärmende Güterwaggons, die auf an den Wohnhäusern vorbeilaufenden Schienen Richtung Franz-Josefs-Bahnhof ratterten.

Das Mädchen ging zur Schule, lernte eifrig und machte Matura, um einen guten Beruf ergreifen zu können und nicht von einem Mann finanziell abhängig zu sein. Nach dem Unterricht half sie in der väterlichen „Bijouterie" in der Wipplingerstraße aus und aß am liebsten Paprikahuhn, das der Herr Papa so hervorragend zubereitete. Bei dem einzigen Makel, den das bezaubernde junge Geschöpf aufwies, handelte es sich um einen leichten Sprachfehler – Lisl lispelte.

Am liebsten jedoch wollte das Fräulein, das so häufig in ihren billigen, roten Lackschuhen mit den Hüten und Federboas der Mutter vor dem Spiegel als Dame von Welt posierte, als großer Star die Welt bereisen. Lisl träumte davon, so berühmt zu werden wie die Künstler, die beispielsweise im Prater auftraten, wo sie sich besonders gerne aufhielt. Im heißen Sommer des Jahres 1928, in dem ein deutschnationales Sängerfest auf der Jesuitenwiese stattfand, beschloss die etwas schüchterne und unschuldig wirkende junge Frau daher zu handeln und die ersten Schritte in Richtung Karriere zu wagen.

Sie nahm 1929 an einem der ersten Schönheitswettbewerbe in Wien teil (Wahl zur „Miss Austria"), zu dem sie ihr ungarischer Cousin, Marci Tenczer (in Österreich als Moritz Tänzer aufscheinend), angemeldet hatte. Zugleich wurden in Ungarn, England, Frankreich usw. Konkurrenzkämpfe der attraktivsten Frauen im Land veranstaltet, mit dem Ziel, zuerst eine „Miss Europa" und danach in den USA eine „Miss Universum" zu küren. Organisiert wurde das weltweite Spektakel jeweils durch die nationale Presse (in Österreich das „Neue Wiener Tagblatt").

Über die Anmeldungen in Wien war damals in der Zeitung zu lesen: *Welchen Ansturm gab es da auf unsere Redaktion! Täglich brachte die Post ganze Stöße von Photographien: blonde und brünette Bewerberinnen, Madonnenzauber und rassige Pikanterie – jeder Typ von Frauenschönheit war vertreten, 1283 Konkurrentinnen insgesamt.*

Und aus diesen vielen unterschiedlichen Damen wählte die Jury einige Wochen später Lisl Goldarbeiter zur schönsten Vertreterin Österreichs. In einem Zeitungsbericht wurde die Natürlichkeit des Mädchens hervorgehoben, es käme *ohne Puder, ohne Schminke, ohne Lippenstift* aus. Detaillierter hieß es im „Neuen Wiener Tagblatt": *Das Bild eines italienischen Renaissancemeisters – so erschien uns das Antlitz Lisl Goldarbeiters. Von klassischer Schönheit ihre Gesichtszüge, blau die Augen, die ernst und klug zu blicken wissen, die Nase zart und gerade, halblang das schöne braune Haar.*

Geld erhielt die junge Frau für den Titel „Miss Austria" keines, der Lohn ihres Triumphs war das Angebot einiger bekannter Maler, sie zu porträtieren.

Doch dafür hatte die Auserwählte keine Zeit: Mit der Bestätigung ihres guten Aussehens in der Tasche, reiste sie in Begleitung ihrer Eltern nach Paris, wo die schönste Europäerin gekürt werden sollte. In der Stadt der Liebe erlitt die junge Jüdin allerdings einen herben Rückschlag, als ihr die Miss Ungarn, Erzsi Simon, den begehrten Titel vor der Nase wegschnappte. Sie selbst wurde nur Zweite. Zurück in Wien erhielt Lisl überraschenderweise einen Brief aus dem fernen Amerika, in dem sie zur Wahl der „Miss Universum" eingeladen wurde. Sie staunte nicht schlecht, hatte sie doch gedacht, dass ihre Karriere nach der Niederlage in Paris zu Ende wäre. Doch weit gefehlt!

Die Veranstaltung fand in Galveston, einer kleinen Stadt in Texas statt. Bevor Lisl abreiste, erhielt sie, wie alle Missen, noch ein Schreiben vom ortsansässigen US-Bischof, der die Wahl für „züchtig und unanständig" hielt. Er schrieb: *Ich höre, dass Sie ein Mädchen aus gutem Hause sind und rate Ihnen, der Einladung nicht Folge zu leisten. Denn dieser Wettkampf der körperlichen Vorzüge erscheint mir weder sittsam, noch moralisch.*

Die junge Frau ließ sich von den Worten des Gläubigen aus Übersee jedoch keineswegs beeindrucken und plante ihre Abreise – konnte sie so doch zumindest für kurze Zeit die triste Wohngegend neben den Bahngleisen verlassen und einen anderen Teil der Welt kennenlernen. Außerdem winkte der Siegerin der Wahl zur „Miss Universum" eine Prämie von 2000 Dollar, durch die die von Lisl so sehr gewünschte Unabhängigkeit in greifbare Nähe rückte. Sie packte also ihre Koffer, verließ ihre Heimatstadt Mitte Mai 1929 in Begleitung ihrer Mutter und fuhr mit dem Dampfer erster Klasse nach Amerika – ohne ernsthaft mit einem Sieg zu rechnen. Und auch die Boulevardzeitungen verbreiteten die Annahme, dass wahrscheinlich eine US-Miss oder die in Paris zur Miss Europa gekürte Erzsi Simon den Preis erhalten würde. Womit allerdings niemand gerechnet hatte: Bei der ehemaligen Miss Ungarn handelte es sich um eine strenggläubige Katholikin, die sich den Brief des texanischen Bischofs zu Herzen genommen und auf die Reise verzichtet hatte. Somit war die schärfste Rivalin aus dem Rennen – und hübscher als die amerikanischen Missen war Lisl allemal. Wenn die Jury also fair nach dem Aussehen beurteilte, standen die Chancen für die junge Wienerin gar nicht so schlecht. Und dann passierte es tatsächlich: Liesl-Elisabeth Goldarbeiter setzte sich gegen elf Konkurrentinnen durch und wurde mit sechs von sieben Stimmen „nicht nur ihrer Schönheit, sondern auch ihrer vornehmen Erscheinung wegen" am 8. Juni 1929 zur schönsten Frau im gesamten Kosmos gekürt *und nahm bescheiden mit gesenktem Blick das Urteil der Jury entgegen,* wie die Presse verkündete. Die Wienerin war die vierte „Miss Universum" in der Geschichte der weltweiten Schönheitskonkurrenzkämpfe, die erste Nicht-Amerikanerin und die bisher einzige Österreicherin.

Erzsi Simon soll ihr zum Sieg ausrichten haben lassen: „Es war keine Kunst zu gewinnen, da ich nicht dabei war." Revanche gab es in den Folgejahren keine, da Lisl nach ihrem Triumph nie wieder Lust verspürte, „sich den Strapazen eines Konkurrenzkampfs zu unterziehen".

Die 20-Jährige erhielt ihre Prämie, mit der sie eine Wasserleitung in der Küche ihrer Eltern installieren ließ – und dazu noch von dem berühmten Regisseur King Vidor („Krieg und Frieden") das Angebot für einen Hollywood-Vertrag. Lisl lehnte jedoch ab und erklärte der Presse gegenüber, dass sie nicht in den USA bleiben könne, weil sie so große Sehnsucht nach „ihrem Wien" habe.

Bei ihrer Heimkehr wurde die junge Halbjüdin am Westbahnhof von tausenden Fans in Empfang genommen und bejubelt – sie war über Nacht zum Star geworden. Die „Illustrierte Kronen Zeitung" schrieb über dieses Spektakel am 25. Juli 1929: *Von Amerika bis Westbahnhof geht's ja verhältnismäßig g'schwind. Aber vom Westbahnhof zur Ringstraße zieht sich der Weg.*

Einige Wochen später wurde der frischgebackenen „Miss Universum" von dem Künstler Ludwig Gruber das Wiener Lied „Da blüh'n die schönsten Frauen" gewidmet, wie die „Österreichische Buchhändler-Correspondenz" berichtete. Wieder einige Wochen später bat die Sascha-Film, die Nummer Eins unter den heimischen Produktionsfirmen, die zwei Jahre zuvor Marlene Dietrich im Streifen „Café Electric" zu ihrem Kinodebüt verholfen hatte, ins Aufnahmestudio. Doch dann stellte man fest, dass das Fräulein lispelte, was aufgrund der Umstellung von Stumm- auf Tonfilm die Schauspielerkarriere von Lisl Goldarbeiter im Keim erstickte. Aus Mitleid erhielt sie eine kleine Rolle in einer Dokumentation zum 60. Geburtstag von Franz Lehár, was den alternden Musikus sehr entzückte, der sich unsterblich in die Schönheit verliebte.

In der Folge reiste die „Miss Universum", meist in Begleitung ihrer Mutter, durch ganz Österreich und traf dabei zahlreiche Prominente. Immer wieder erwähnte sie bei ihren Aufenthalten, dass sie den „Klimbim der Königinnenwahlen nicht überschätzt" habe und auf dem Boden der Realität geblieben sei. Sie profitierte dennoch weiterhin von ihrem Titel und arbeitete als Model, für dessen Anblick die Männer schmachtend Schlange standen.

Aber auch der Herr Papa, der von dem Rummel häufig genervt tat, profitierte von der Berühmtheit seiner Tochter. Die Kunden kamen in Strömen in seinen Laden, und langjährige Schnorrer bezahlten ihre Ausstände, weil man dem Vater der hübschesten Frau der Welt ganz einfach nichts schuldig blieb. Nach einiger Zeit verkaufte er mehr signierte Fotografien seines Kindes als Galanteriewaren. Auch bewundernde Gedichte und Liebesbriefe wurden bei ihm abgegeben, ebenso aber auch Bettelschreiben.

Lisl wählte schließlich aus der Schar ihrer Verehrer den jüdischen Bugatti-Fahrer, Rennstallbesitzer und Playboy Fritz Spielmann, den man aufgrund des erfolgreichen Aufbaus eines Textilimperiums auch „Krawattenkönig" nannte. Die Flitterwochen verbrachte das Paar in Cannes, und danach gab es Luxus in seiner für Frauen schönsten Form: Unmengen an Pumps, Pelzen und Perlen. In diese Zeit fällt auch eine Erwähnung Lisls als Beifahrerin ihres Mannes in einem blauen Cabrio bei einem Schaurennen in Wien im Juni 1931.

Die einzige österreichische „Miss Universe", Lisl Goldarbeiter, wuchs nahe des Wiener Praters auf.

Zum ersten Wiener Opernball im Jahr 1935 erschien die junge Frau in einer traumhaften Robe aus Hermelin und Samt.

Während sich der Gatte als leidenschaftlicher Spieler entpuppte, der sein gesamtes Vermögen im Kasino verjubelte, verblasste langsam der Glanz der einst strahlenden „Miss Universum".

Als 1938 die Nazis in Österreich einmarschierten, gesellte sich zum Verlust der Popularität auch noch eine persönliche Tragödie: Während sich Lisl und ihr Gatte zuerst in Preßburg und danach in Brüssel in Sicherheit befanden, wollte die Gestapo ihren Vater festnehmen und deportieren lassen. Isidor Goldarbeiter konnte aber schwerverletzt entkommen und floh mit seiner Gattin Aloisia nach Ungarn. 1944 wurde das Land von der deutschen Wehrmacht besetzt, die alle Juden in Ghettos sperrte, darunter auch Lisls geliebten Papa. Die Halbjüdin trennte sich von ihrem Ehemann, weil er, aufgrund seiner Spielsucht bereits komplett verarmt, ihrer Familie nicht helfen wollte, und zog zu

Verwandten nach Szeged. Bei einem Besuch ihres Vaters im Ghetto wäre sie selbst auch beinahe inhaftiert worden, durfte nach der Fürsprache eines SS-Mannes aber wieder nach Hause gehen. Isidor Goldmann wurde ins KZ Wiener Neustadt überstellt und später nach Mauthausen gebracht, wo ihn die Nazis 1945 erschossen. Lisl blieb mit ihrer Mutter in Szeged, wo sie 1949 den Mann heiratete, der immer schon an sie geglaubt und ihre frühe Karriere erst ermöglicht hatte: Moritz Tänzer, der von Jugend an in seine Cousine verliebt gewesen war.

Die beiden blieben in Szeged, wurden glücklich, und wenn sie nicht gestorben sind, dann leben sie noch heute. Und so scheint es tatsächlich zu sein!

*

Lisl Goldarbeiter und Moritz Tänzer sind als geisterndes Liebespaar unterwegs, und zwar in der Vivariumstraße, ehemals Freilagergasse.

Bei der Spukgegend der ehemals schönsten Frau des Kosmos handelt es sich um eine eher unscheinbare und sogar düstere Gegend, die mit ihren graffitiverzierten Tunnelbögen aus abgasschwarzen Steinen und den engen Häuserschluchten heute ein wenig anmutet wie ein Außenbezirk von New York. Und genau dort, nahe dem Wiener Prater, fast in Hörweite des Gelächters flanierender Damen der besseren Gesellschaft und der Musik sich bis in die Nacht hinein drehender Ringelspiele, träumte einst das fesche Fräulein von einer Model- oder Schauspielkarriere in Hollywood. Trotz ihrer Bodenständigkeit sehnte sich Lisl nach Glamour, Starappeal und Luxus, wollte zumindest so viel Geld verdienen, dass sie unabhängig sein konnte und darüber hinaus die finanzielle Not ihrer Eltern lindern und ihnen die Altersarmut ersparen konnte. Tag für Tag floh sie nach der Schule, bevor sie im väterlichen Verkaufsladen aushalf, in ihre Fantasiewelt, in der es keinen Platz gab für Männer, sodass sie die verliebten Blicke ihres Cousins nicht bemerkte. So geriet ihre Laufbahn aufgrund ihres lieblichen Aussehens, gepaart mit Zielstrebigkeit und Ehrgeiz, tatsächlich zur Erfolgsstory, die das Mädchen jüdischer Abstammung bis in die USA führte. Dort errang sie als bisher einzige Österreicherin den Titel der „Miss Universum" und erreichte den Höhepunkt ihrer Karriere. Danach ging es in ihrem Leben bergab, nicht steil, aber beständig, und erst im Alter konnte Lisl Goldarbeiter von sich behaupten, wahrhaft glücklich zu sein – nachdem sie den Mann geheiratet hatte, der sie schon als junge Frau geliebt und mit dem sie ihre Kindheit und Jugend verbracht hatte: Moritz Tänzer.

Und diese späte Seligkeit teilen die beiden bis heute mit allen, die sie sehen können, üblicherweise sind das ältere Damen. In Erscheinung treten Lisl und Moritz vorwiegend in den frühen Abendstunden, meist entweder unter der Eisenbahnüberführung oder in einem der engen Durchgänge zwischen den Häuserblöcken, in denen sich Lagerräume und Werkstätten befinden. Seltener queren sie die Straßen, die einige Sozialbauten miteinander verbinden. Wahrgenommen werden sie als flackernde Gestalten in Schwarz-Weiß, die sich vollkommen lautlos fortbewegen, als wäre das Paar eben einem alten Stummfilm entsprungen. Sie gehen Arm in Arm umher, stets einander lächelnd zugewandt, und streichen sich immer wieder gegenseitig über die Wangen. Bemerken sie, dass jemand auf sie aufmerksam wird oder sie gar anstarrt, beginnen sie tonlos zu lachen und verschwinden vor den Augen ihrer Beobachter im Nichts.

Das weibliche Wesen, aufgrund von Schätzungen etwa 50 Jahre alt, wird immer noch als wunderschön beschrieben, zugleich anmutig und strahlend, der Mann wirke aufrecht, stark und unerschütterlich. Wahrgenommen wird ein Liebespaar, das ganz offensichtlich aus einer anderen Dimension stammt und in inniger Zuneigung miteinander verbunden ist. Und so geistern sie gemeinsam wahrscheinlich bis in alle Ewigkeit.

Luise Hoffmann (1910–1935)

Die ewige Wiederkehr der verbrannten Pilotin

Luise Hoffmann war nach bestandener Prüfung im Alter von 18 Jahren Deutschlands jüngste Sportfliegerin. „Peterle", wie sie ihre männlichen Kollegen liebevoll nannten, verdiente sich ihren Lebensunterhalt mit Kunststücken, die sie mit ihrem Doppeldecker „Spatz" vollführte, bevor sie der Industrielle und Flugzeugkonstrukteur Carl Clemens Bücker als erste Werksfliegerin, Einfliegerin und Vorführpilotin unter Vertrag nahm. Auf einer ihrer Reisen für den Unternehmer geriet sie nach dem Abflug in Wien-Aspern in dichten Nebel, kollidierte mit Baumwipfeln und stürzte ab. Luise erlitt schwere Brandverletzungen, denen sie Wochen später im Krankenhaus Horn erlag. Sie kehrt regelmäßig zurück in die Seestadt Aspern, wo sie wieder und wieder in Flammen aufgeht.

*

Als kleines Mädchen begeisterte sich Luise, die in Gelsenkirchen geborene Tochter eines Bäckers, vor allem für Pferde und Motoren. Sie beschloss daher im Alter von 16 Jahren, Pilotin zu werden. Mit 18 Jahren durfte sie endlich Flugunterricht nehmen – bei dem bekannten Kriegsflieger Fritz Seelbach, genannt „Bobby", der ihr bis zu ihrem Lebensende ein treuer Freund blieb. Für ihren Traumberuf musste sie umziehen, denn die Flugschule lag auf dem Flugplatz Münster-Loddenheide. Schon drei Monate später, im Juli 1928, legte die zielstrebige junge Frau erfolgreich die Prüfung für den Flugschein A2 ab. Anschließend absolvierte Luise als jüngste Pilotin Deutschlands, die aufgrund ihres knabenhaften Aussehens und burschikosen Auftretens den Spitznamen „Peterle" trug, erfolgreich eine Ausbildung zur Kunstfliegerin.

Am 29. Juni 1929 wurde von der RAVAG via Bildfunk ein Foto der ersten Sportfliegerin Deutschlands an die österreichischen Hörer übermittelt. Bei diesem damals hochmodernen Verfahren gelangte die Aufnahme drahtlos an einen Bildempfänger, Fultograf genannt. Aus den Radiolautsprechern erklang während der Übertragungsdauer von rund zehn Minuten ein schriller Pfeifton. Die mediale Aufmerksamkeit für jemanden, der nicht zu den Einflussreichen, Vermögenden oder Schönen zählte, stellte zu jener Zeit ein Privileg dar.

In Anerkennung dieser ersten großen Erfolge schenkten die stolzen Eltern ihrer ehrgeizigen Tochter zur Volljährigkeit einen eigenen Doppeldecker – eine 108 PS starke Raab-Katzenstein Klasse Ic Schwalbe, von Luise liebevoll „Spatz" genannt, mit der sie weiterhin ihre Kunstflugfiguren übte. Schon bald präsentierte die junge Pilotin ihr Können vor großem Publikum und zog von Veranstaltung zu Veranstaltung, wo sie überall freundlich empfangen und bejubelt wurde.

Bei der ersten Deutschen Kunstflugmeisterschaft im Jahr 1930 gelangte „Peterle" mit ihrem Doppeldecker auf Platz zwei. Im selben Jahr trat sie der NSDAP bei, die sie sechs Monate später schon wieder verließ.

1931 schrieb eine deutsche Zeitung: *Was es auch sein mag, Rückenflug, Loopings, Rolle, Trudeln, Fächerturm, Männchen, Slip, Sturzflug usw.: Luise Hoffmann imponiert immer wieder durch die elegante Weichheit und die tadellose Exaktheit ihrer Flugbewegungen.*

Hin und wieder wurde Luise auch für Showeinlagen gebucht, so warf sie beispielsweise während eines Fußballspiels über einem Sportplatz den Ball zum Anstoß aus dem Flugzeug ab.

Auf diese Weise verdiente sich die junge Frau einige Jahre lang ihren Lebensunterhalt, erhielt pro Wochenende eine Gage von umgerechnet immerhin rund 1000 Euro, wovon sie allerdings Versicherung, Instandhaltung und Transport ihrer „Spatz" sowie den eigenen Lebensunterhalt finanzieren musste. Sie begann daher damit, ihre Maschine selbst zu warten und zu reparieren. Besonders dieser Umstand sicherte ihr den vollen Respekt ihrer männlichen Kollegen.

1932 beschrieb eine Zeitung ihre Tätigkeit als Kunstfliegerin folgendermaßen: *Elegant, leicht beschwingt, auf der Seite, auf dem Rücken trollt sich die Maschine. Viel Anklang findet ihr „Trudeln", ihr Rücken-*

flug. Das ist mehr als mechanisierte Technik, hier belebt der menschliche Geist die tote Maschine, hier bezwingt der Mensch nicht nur die Luft, sondern auch den surrenden Motor.

Im Jänner 1935 wurde der Industrielle und Flugzeugkonstrukteur Carl Clemens Bücker aus Berlin auf die talentierte Fliegerin aufmerksam und nahm sie als Werksfliegerin unter Vertrag. Der gewiefte Geschäftsmann verfolgte mit der Einstellung der jungen Pilotin die Strategie, dass seine Maschinen mehr Aufmerksamkeit auf sich zogen, wenn sie von einer weiblichen Kunstfliegerin im Rahmen spektakulärer Showeinlagen präsentiert wurden. Darüber hinaus hatte man in den USA längst erkannt, wie beruhigend eine Frau am Steuer einer Maschine auf Männer wirkte, die diese kaufen wollten – was die zarte Dame zuwege brachte, schaffte ein strammer Kerl allemal.

Gemeinsam mit drei männlichen Kollegen war Luise in der Folgezeit für ihren Arbeitgeber in ganz Europa unterwegs, um Sportflugzeuge wie die Bü 131 Jungmann vorzuführen. Zugleich testete sie sämtliche Bücker-Typen auf ihre Tauglichkeit und überstellte bei Bedarf die Maschinen auch vom Produzenten zum Käufer.

Wo immer Luise hinkam, staunte man nicht schlecht, dass nach der Landung ein weibliches Wesen vom Flugzeug-Führersitz kletterte.

Neben ihrer Tätigkeit für Carl Clemens Bücker nahm die ehrgeizige junge Frau an zahlreichen Wettbewerben teil, bei welchen sie meist hervorragend abschnitt.

Luise galt bei ihren Kollegen als ausgezeichnete Kunstfliegerin und engagierte, verantwortungsbewusste und disziplinierte Pilotin. Ebenso wurde sie in Fliegerkreisen *ob ihres Mutes, ihres gesunden Humors und ihrer Kaltblütigkeit auch in gefährlichen Situationen* hoch geschätzt. Die Medien bezeichneten sie häufig als „kleine, lebensfrohe Gelsenkirchnerin".

Aus ihrem Privatleben ist niemals etwas an die Öffentlichkeit gelangt, fest steht nur, dass Luise nie geheiratet und keine Kinder hatte.

Anfang Oktober 1935 startete die Pilotin auf dem Flugplatz Aspern in Wien-Donaustadt, dem bis nach Ende des Zweiten Weltkriegs größten und modernsten Flugplatz Österreichs, dessen Funktion danach der Flughafen Wien-Schwechat übernahm. Sie brach im Auftrag von Carl Clemens Bücker in einer seiner Maschinen zu einer

Werbetour über Jugoslawien, Rumänien, Griechenland in die Türkei auf.

Am 29. Oktober verfasste die junge Frau auf dem Rückweg in Athen einen Brief an ihre Mutter, dem sie ein Foto beilegte. In dem Schreiben stand: *[…] du siehst vielleicht meinem freudigen Gesicht an, dass es mir gut geht. […] Alle Leute sind nett zu mir. Nun drücke den Daumen, daß ich gut nach Berlin komme. Ich rufe von dort an.*

Doch zu diesem Telefonat sollte es nicht mehr kommen. Auf ihrer vorletzten Reiseetappe flog Luise von Ungarn nach Wien-Aspern, von wo aus sie am 2. November 1935 Richtung Deutschland startete. Bald nach dem Abheben der Maschine geriet die Pilotin in der Gegend um Horn in Niederösterreich, rund 90 Kilometer nordwestlich von Aspern, in dichten Nebel. Sie streifte einige Baumwipfel, verlor die Kontrolle über das Steuer und stürzte nur wenige Momente später ab. Das Flugzeug fing auf dem Boden augenblicklich Feuer, Luise konnte sich gerade noch rechtzeitig ins Freie retten, erlitt aber schwere Brandverletzungen. Im Krankenhaus in Horn mussten ihr beide Beine amputiert werden, danach erhielt sie mehrere Bluttransfusionen. Der wochenlange Kampf der Ärzte um das Leben der jungen Frau war jedoch vergebens. Luise erlag am 27. November 1935 ihrem Leiden, nachdem sie bereits tagelang zuvor, wenn sie gerade einmal bei Bewusstsein war, vor Schmerzen nur noch geweint hatte.

Ihr Leichnam wurde mit einem Sonderwagen der Österreichischen Bundesbahn nach Deutschland überstellt und am 1. Dezember unter großer Anteilnahme der Bevölkerung in einem Ehrengrab in Bochum-Werne zur letzten Ruhe gebettet. Während der Beisetzung zogen drei Maschinen des Modells Heinkel 72 Kadett der Fliegerlandesgruppe, geschmückt mit Trauerflor, über dem Friedhof ihre Kreise.

Posthum erhielt Luise vom portugiesischen Aero-Club eine Plakette, die sie für ihre hervorragenden Leistungen im Internationalen Flugwettbewerb 1935 in Lissabon auszeichnete – die letzte Ehrung einer herausragenden Pilotin, deren Leben viel zu früh zu Ende ging.

*

Eröffnet wurde der Flughafen Aspern am östlichen Stadtrand von Wien inklusive Flugschule und Luftfahrtmuseum am 23. Juni 1912 – auf einem Areal, auf dem bereits in der Jungsteinzeit Menschen siedelten, im 13. Jahrhundert ein kleines Dörfchen existierte, in dem die Bewohner größtenteils Holzhandel, Viehzucht und Ackerbau betrieben, im Mai 1809 in der Schlacht von Aspern das französische Heer unter Napoleon Bonaparte den österreichischen Truppen unter dem Kommando des Habsburgers Erzherzog Karl unterlag und 1880 erste Flugversuche von bauchigen Ungetümen mit Dampfmaschinenantrieb stattfanden.

Anfänglich diente der Flugplatz in Wien-Donaustadt einerseits militärischen Zwecken, andererseits auch der zivilen Luftfahrt und als Veranstaltungsort für Flugshows. Unter anderem wurden hier im Jahr 1914 mit einem Doppeldecker vier Höhenweltrekorde aufgestellt. Ein berühmter und regelmäßig anwesender Gast der Vorführungen am Himmel war Erzherzog Leopold Salvator aus dem Hause Habsburg-Lothringen, selbst begeisterter Hobbyballonfahrer.

Mit Beginn des Ersten Weltkriegs war die Zeit des Flughafens an der Peripherie von Wien als zivile Einrichtung und Veranstaltungsort glanzvoller Feste vorbei. Sämtliche Aktivitäten auf dem Areal wurden eingestellt, danach diente der Flugplatz nur noch militärischen Zwecken. In erster Linie hat man hier neue Flugzeuge eingeflogen, die dann im Ersten Weltkrieg zum Einsatz kamen, und Piloten ausgebildet. Bei den Landemanövern gab es aufgrund fehlerhafter Handhabung der Maschinen fast jeden Monat Abstürze mit ein bis zwei Toten.

1920 begann der Ausbau für den internationalen Flugverkehr.

Auf dem Gelände des ehemaligen Flugplatzes entsteht seit einigen Jahren die Seestadt Aspern, die dem östlich gelegenen 22. Wiener Gemeindebezirk (Donaustadt) als Mittelpunkt dient. Bis 2030 sollen auf etwa 240 Hektar Fläche rund 8500 Wohnungen, Büros, Geschäfte, Lokale, Sport-, Wellness- und Sozialeinrichtungen sowie Bildungs-, Sozial-, Kultur- und Freizeitzentren entstehen und circa 20 000 Menschen leben und arbeiten.

Doch so idyllisch dieser neue Stadtteil rund um den künstlichen See in der Mitte des Entwicklungsgebiets wirkt, so geisterhaft ist er nachts, wenn Luise Hoffmann an den Ort zurückkehrt, von dem aus sie zum letzten Flug ihres Lebens gestartet ist.

Es wurde bereits mehrfach von unerklärlicher Rauchentwicklung berichtet, die „weiter weg" stattfindet, aber zur Siedlung weht und in die Häuser eindringt. Darüber hinaus berichteten einige Menschen von dem Phänomen, dass es am 29. Juni um die Mittagszeit im Radio knistert und pfeift, egal, welcher Sender eingestellt ist – etwa zehn Minuten lang.

Ein besonders eindrückliches Erlebnis hatte einer der Arbeiter in der Seestadt: „Ich war an einem Abend im Herbst noch spät auf der Baustelle und spürte plötzlich ein seltsames Unwohlsein. Und dann, als ich gerade meine Sachen zusammenpackte, sah ich den Geist! Es handelte sich um eine schimmernde weibliche Gestalt mit Helm auf dem Kopf, die winkend auf mich zuschritt. Doch bevor sie mich erreichen konnte – ich stand da wie angewurzelt –, begann das Wesen zu brennen. Meterhoch schlugen die Flammen zum Himmel empor und mir stieg beißender Rauch in die Nase, während die Frau lautlos verkohlte. Ich habe in meinem ganzen Leben noch nie so etwas Schreckliches gesehen. Nachdem ich mich ein wenig mit der Geschichte des ehemaligen Flugplatzes beschäftigt hatte, war mir klar, dass ich die jenseitige Gestalt von Luise Hoffmann gesehen hatte."

Eine ähnliche Situation hat ein Vater mit seinen zwei Kindern einige Jahre zuvor erlebt, als er sich eines Abends mit den beiden Jungen die vielen Bagger und Kräne auf der erst entstehenden Seestadt ansehen wollte.

Bruno Kreisky (1911–1990)

Ein Geist mit weißer Bulldogge an der Seite des Kaisers

Bruno Kreisky, von seinen Bewunderern auch „Sonnenkönig" genannt, war ein bekannter SPÖ-Politiker und von 1959 bis 1966 als Außenminister sowie von 1970 bis 1983 als Bundeskanzler der Republik Österreich tätig. In der Sozialistischen Internationale, in der er sich bis kurz vor seinem Tod aktiv engagierte, arbeitete er eng mit den Regierungschefs Willy Brandt und Olof Palme zusammen. Noch vor Ausbruch des Zweiten Weltkriegs emigrierte er nach Schweden, um einer Verhaftung wegen seiner politischen Tätigkeit zu entgehen, und kehrte erst 1951 auf Wunsch der SPÖ nach Wien zurück. Aus gesundheitlichen Gründen übergab Kreisky 1983 das Kanzleramt Fred Sinowatz. Kreisky hat oft und gerne mit Staatschefs aus diversen Länder rund um den Globus konferiert und wandelt nun als Geist an der Seite von Kaiser Franz Joseph und in Begleitung eines weißen Boxers durch den Tiergarten Schönbrunn.

*

Bruno war der zweitälteste Sohn eingebürgerter Wiener Juden und verbrachte seine Kindheit mit Vater Max, einem erfolgreichen Geschäftsmann und Zensor der Österreichischen Nationalbank, und Mutter Irene, einem Familienmitglied des bekannten Ketchup- beziehungsweise Lebensmittelproduzenten Felix, in der Schönbrunner Straße 122 im 5. Wiener Gemeindebezirk (Margareten). 1925 übersiedelten die recht wohlhabenden Kreiskys in die feinere Gegend Rainergasse 29 im 4. Gemeindebezirk (Wieden).

Schon in der Schulzeit interessierte sich Bruno für Politik und machte bald Karriere in der Sozialistischen Arbeiterjugend. Nach der Matura begann er das Studium der Rechtswissenschaften, obwohl er ursprünglich Mediziner hatte werden wollen, weil es hieß: „Die Partei braucht gute Juristen." Mit 20 Jahren trat Kreisky aus der Israelitischen Kultusgemeinde aus und bezeichnete sich als Agnostiker. Während des Februaraufstandes 1934 gegen die autoritäre Regierung von Bundeskanzler Engelbert Dollfuß beteiligte er sich an der Verteilung von Propagandamaterial und geriet damit erstmalig ins Visier seiner Feinde. Nach der Niederschlagung der Sozialdemokratie nahm Kreisky in der Folge mehrfach an Treffen der nun illegalen Partei in der Tschechoslowakei teil, wurde daraufhin im Jänner 1935 in der Wohnung seiner Eltern festgenommen und zu 15 Monaten Haft verurteilt. Nach seiner Verteidigungsrede im Sozialistenprozess im März 1936 erhielt er wegen Hochverrats ein Jahr Kerker, kam im Juni aber frei, da die Zeit der Untersuchungshaft auf die Strafe anzurechnen war. Gleich nach seiner Freilassung aus dem Gefängnis setzte er seine illegale Tätigkeit für die Revolutionären Sozialisten fort und nahm auch sein Studium wieder auf. Nach dem Anschluss Österreichs an das nationalsozialistische Deutsche Reich im März 1938 verließ Kreisky seine Heimat und emigrierte nach Schweden, sein Bruder Paul wanderte nach Palästina aus. Er fand in Stockholm einen Job als ökonomischer Berater und arbeitete nebenbei als Journalist. Im Februar 1940 trafen auch die Eltern, Max und Irene Kreisky, in Schweden ein, die aus ihrer Heimat geflohen waren. Ein paar Monate später lernte der engagierte Sozialist den späteren Bundeskanzler der Bundesrepublik Deutschland, Willy Brandt, kennen, mit dem ihn eine lebenslange Freundschaft verbinden sollte. Gemeinsam mit ihm und dem schwedischen Ministerpräsidenten Olof Palme, beide ebenfalls Sozialdemokraten, setzte sich Kreisky für eine aktive Friedens- und Entwicklungspolitik ein. 1941 wurde er Obmann des Klubs österreichischer Sozialisten in Schweden.

Im Jahr 1945 heiratete der Politiker Vera Fürth, Mitglied einer jüdischen Industriellenfamilie, 1944 kam Sohn Peter in Stockholm, 1948 Tochter Suzanne in Wien zur Welt.

Nach dem Ende des Krieges, in dem 25 von Kreiskys engsten Verwandten dem Holocaust zum Opfer gefallen waren, organisierte er Hilfslieferungen, wodurch vor allem Medikamente und Lebensmittel nach Österreich gelangten. Auf Wunsch Karl Renners, des ersten Bundespräsidenten der Zweiten Republik, und unterstützt durch Adolf

Schärf und Leopold Figl, baute er in Schweden eine österreichische Gesandtschaft auf. Ende 1950 wurde er nach Wien zurückberufen, womit zwölf Jahre Exil ein Ende fanden. Ein Jahr später kehrten auch seine Eltern heim.

Schon bald gelangte Kreisky durch sein Engagement und seine Freundschaft zu Theodor Körner, dem damaligen Bürgermeister von Wien, in Kontakt mit der obersten Spitze der SPÖ. Von 1953 bis 1959 arbeitete er als Staatssekretär für auswärtige Angelegenheiten im Bundeskanzleramt unter Julius Raab und war auch an den Verhandlungen des Staatsvertrags beteiligt. Er bildete im April 1955 mit Raab, Schärf und Figl die österreichische Delegation, die zu abschließenden Verhandlungen nach Moskau flog, wo mit den Sowjets der Durchbruch zum Vertragsabschluss mit der Zusage zur Neutralität Österreichs erzielt werden konnte. Die endgültige Unterzeichnung des Schriftstücks am 15. Mai 1955 im Wiener Schloss Belvedere, die mit einer Dankesrede von Leopold Figl und den Worten „Österreich ist frei" abgeschlossen wurde, zählt zu den denkwürdigsten Ereignissen unseres Landes.

Im Anschluss unterstützte die SPÖ die britische Initiative einer Freihandelszone, die schließlich 1960 mit Österreich als Mitglied unter der Bezeichnung EFTA gegründet wurde.

1955 wurde Bruno Kreisky in den Nationalrat gewählt, wo er bis 1983 verblieb, von 1959 bis 1966 war er als Nachfolger von Leopold Figl Außenminister; zu seinen Sekretären zählte damals der spätere österreichische Bundespräsident Rudolf Kirchschläger. In seinem neuen Amt fungierte Kreisky vorwiegend als politischer Kommunikator zwischen Ost und West. Er erhielt aus der Sowjetunion vertrauliche politische Einschätzungen, die er, versehen mit seinen eigenen deeskalierenden Interpretationen, an die USA oder andere westliche Entscheidungsträger weiterleitete – beispielsweise 1962 während der Kubakrise. Ein Jahr zuvor hatte der US-Präsident John F. Kennedy auf den Vorschlag Kreiskys hin an einem Gipfeltreffen mit dem sowjetischen Parteichef Nikita Chruschtschow im neutralen Wien teilgenommen. Als offizieller Gastgeber galt allerdings Bundespräsident Adolf Schärf.

Um ständig „nahe am Volk zu sein" und seinen politischen Einfluss zu intensivieren, hielt der Sozialist laufend persönlichen Kontakt mit

Kaiser Franz Joseph spukt bei dem ihm gewidmeten „Kaiserbankerl" im Tiergarten Schönbrunn.

wichtigen Journalisten. Er arbeitete außerdem mit PR-Fachleuten zusammen, die ihm Zugang zu US-Entscheidungsträgern verschafften, so verhalfen sie ihm beispielsweise 1963 zu einem Privattermin bei John F. Kennedy im Weißen Haus.

Kreisky verfolgte, obwohl überzeugter Antikommunist, eine sehr aktive Nachbarschaftspolitik mit den Ostblock-Staaten, von denen er einige als erster westlicher Außenminister besuchte. Besonderes Engagement zeigte er auch in der Südtirol-Frage. Das damalige Verhandlungsergebnis war die Basis für die heutige Staatsform des Landes. Darüber hinaus baute Kreisky die Beziehungen zu den Ländern der Dritten Welt aus und ließ 1962 mit der „Wiener Erklärung" erste Ideen für einen Marshallplan formulieren. Im Anschluss gründete er das Institut für Entwicklungsfragen.

1964 geriet die SPÖ in die Krise: Rundfunkvolksbegehren, Fußach-Skandal und Olah-Affäre kosteten der Partei bei der Nationalratswahl 1966 viele Stimmen und brachten der ÖVP die absolute Mehrheit. Die Große Koalition wurde beendet und die ÖVP bildete eine Alleinregierung, die SPÖ ging in Opposition. Kreisky verblieb als Abgeordneter im Nationalrat und wurde 1967 zum Parteivorsitzenden gewählt. In dieser Zeit brachte er ein umfassendes Reformprogramm unter dem Namen „Für ein modernes Österreich", bekannter als „Kampagne der 1400 Experten", auf den Weg, das die Anfangsjahre seiner Kanzlerschaft prägen sollte. 1968 ließ er nach dem Einmarsch der Warschauer-Pakt-Truppen in der Tschechoslowakei, den er kategorisch verurteilte, humanitäre Maßnahmen organisieren. 1970 setzte er sich gegen den ÖVP-Kandidaten Josef Klaus als Bundeskanzler durch, im selben Jahr erzielte die SPÖ bei der Nationalratswahl die relative Mehrheit und bildete eine Minderheitsregierung unter Duldung der FPÖ.

Bei den vorgezogenen Wahlen 1971 erreichte die SPÖ die absolute Mehrheit, ebenso 1975 und zuletzt 1979.

Im Jahr 1975 wurde auf Kreiskys Bestrebungen hin die Arbeitszeit von 43 auf 40 Stunden verkürzt und eine Familien- und Strafrechtsreform durchgeführt, 1982 ermöglichte die Regierung durch entsprechende Maßnahmen einen leichteren Zugang zu Bildung. Der Populist Kreisky galt fortan als mit Abstand beliebtester und charismatischster Politiker der Republik und bekam den Namen „Sonnenkönig" verpasst.

Eine Niederlage musste er jedoch 1978 bei der Volksabstimmung Zwentendorf hinnehmen, bei der sich – entgegen seiner Annahme – die Mehrheit der Österreicher gegen die Inbetriebnahme eines Kernkraftwerks in ihrem Land aussprach. Die SPÖ war pro Atomenergie eingestellt, da sie diese Form der Energieerzeugung für modern und wirtschaftlich effizient hielt.

Kritisiert wurde damals auch bereits das unter Kreisky und den Finanzministern Hannes Androsch und Herbert Salcher ständig steigende Staatsdefizit. Diese Tatsache hat der überzeugte Sozialist häufig mit dem Hinweis kommentiert, dass ihm ein paar Milliarden Schilling Schulden lieber wären als ein paar hunderttausend Arbeitslose.

*Der Pavillon als Zentrum des Tiergartens Schönbrunn ist Schauplatz
so mancher Geistersichtung.*

Während dieser Zeit litt Kreisky bereits an Bluthochdruck und Diabetes. Im Dezember 1979 wurde im Anschluss an die feierliche Eröffnung des Arlbergtunnels, während der sein Sehvermögen auf einem Auge plötzlich nachließ, ein Gefäßverschluss diagnostiziert – er selbst behauptete, aus Ärger und Aufregung über den angeblich betrunken erschienenen Finanzminister Androsch plötzlich halbseitig erblindet zu sein. Die erfolglose Behandlung hatte eine Schädigung einer seiner Nieren zur Folge – Kreisky war danach auf eine regelmäßige Dialyse angewiesen.

Als die Partei bei der Nationalratswahl 1983 nicht mehr die absolute Mehrheit erhielt, trat Kreisky den Vorsitz der Koalitionsregierung an Fred Sinowatz ab und schied nach einer bewegenden Abschiedsrede aus dem Nationalrat aus, dem er seit 1956 angehört hatte. Er zog sich nach der Ausverhandlung einer „Kleinen Koalition" mit der FPÖ 72-jährig und gesundheitlich angeschlagen ins Privatleben zurück – die legendäre „Kreisky-Ära" mit einem friedensstiftenden Kommunikator, patriotischen Strategen und engagierten Menschenfreund an der Spitze war zu Ende.

Mit der Zeit entfremdete sich der ehemalige Kanzler immer mehr von der SPÖ und legte 1987 sogar den Ehrenvorsitz zurück, als Franz Vranitzky „sein" Außenministerium an den „Feind" Alois Mock übergab. Kurz vor seinem Tod bezeichnete Kreisky die Entwicklung der österreichischen Sozialdemokratie nach seinem Ausscheiden als „größte Enttäuschung meines Lebens".

Trotz Krankheit setzte er seine außenpolitischen Initiativen fort, leitete von 1986 bis 1989 die „Unabhängige wissenschaftliche Kommission für Beschäftigungsfragen in Europa", deren Bericht „Zwanzig Millionen suchen Arbeit" zugleich sein Vermächtnis an die Nachwelt darstellt.

Im April 1984 unterzog sich Kreisky einer Nierentransplantation, doch die Verbesserung seines Zustands sollte nur von kurzer Dauer sein – bereits zwei Jahre später erlitt er kurz hintereinander mehrere Schlaganfälle und erblindete auf dem anderen Auge. Zusätzlich schwächten ihn zwei schwere Schicksalsschläge: der Mord an seinem Freund Olof Palme 1986 und der Tod seiner Ehefrau 1988.

Im Juli 1990 schloss der „Politiker aus Leidenschaft" seine Augen für immer und wurde in einem Ehrengrab am Wiener Zentralfriedhof beigesetzt. Die Abschiedsrede hielt sein Weggefährte über fast ein halbes Jahrhundert hinweg – Willy Brandt: Lebwohl, mein lieber, schwieriger Freund!

*

Mitten im Tiergarten von Schönbrunn befindet sich ein achteckiger Pavillon, der nicht nur als historisches Kernstück, sondern auch als das positive Kraftzentrum des Areals gilt. Er wurde von Franz I. Stephan, dem Ehemann Maria Theresias, in Auftrag gegeben und 1759 fertiggestellt. Und von Anfang an barg das kleine barocke Kunstwerk so manches Geheimnis: Oben hat man offiziell gespeist und den Ausblick auf die Tiere genossen, unten hingegen befand sich das mystische Labor des Kaisers, in dem er seine alchimistischen und magischen Forschungen betrieb, von dem außer ein paar Eingeweihten niemand wusste. Am Dach des majestätischen Prunkstücks befand sich ein riesiges Fernrohr, mit dem Franz I. Stephan die Sterne beobachtete. Im Pavillon an der Decke prangt bis heute der blaue Saphir – das immer wiederkehrende „Zauber"-Symbol der Habsburger, zu dem es Rudolf II. im 16. Jahrhundert ernannt hatte. Und unter dem Bau, tief in der Erde, kreuzen sich zwei Wasseradern, die positive Energien aussenden.

Der Pavillon birgt aber noch eine weitere faszinierende Geschichte. Franz I. Stephan ließ ihn noch aus einem anderen Grund an dieser Stelle platzieren, die exakt von ihm berechnet worden war: Zwei Mal im Jahr, am 13. Mai, dem Geburtstag von Maria Theresia, und am 31. Juli, dem Eröffnungstag der Menagerie, sendet die Morgensonne um punkt 5.54 Uhr (Geburtsstunde und -minute Maria Theresias) ihre Strahlen die Allee entlang über den vergoldeten Doppeladler am Dach des Schlosses und danach durch die Mittelfenster des achteckigen Pavillons, der daraufhin etwa zehn Minuten lang in einem hellen gelben Licht gleißt (im Innenraum befinden sich acht Spiegel, die das üppige Gold der Innenausstattung und die Sonnenstrahlen reflektieren).

Doch was hat nun Bruno Kreisky mit dem Pavillon zu tun? Dazu liegt ein Bericht des Pressefotografen Prof. Gerhard Kunze vor:

Mittwoch 16. Mai 2012, etwa 6.00 Uhr früh: Ich war schon früh morgens im Tiergarten unterwegs, um den Sonneneffekt im Pavillon zu knipsen, und hörte auf meinem Rückweg plötzlich das Kaiserglöckerl drei Mal läuten – das erklang früher, um das Eintreffen des Kaisers anzukündigen. Es befand sich jedoch niemand auch nur in der Nähe der Glocke, die sich in meinem direkten Blickfeld befand. Gleich darauf bemerkte ich zwei Männer, die aus dem Pavillon traten und über die Treppe herunterkamen. Sie sahen aus wie Kaiser Franz Joseph und Bruno Kreisky und wurden von einem weißen Boxer begleitet. Der Kaiser trug Uniform und Kappe, der Kanzler einen dunkelblauen Anzug, dunklen Mantel, eleganten Schal und Hut. Der Hund lief frei hinter ihnen her.

Ich war nicht überrascht, weil ich dachte, es würde zu früher Morgenstunde eine Dokumentation im Tiergarten gedreht, bevor die ersten Besucher eintreffen. Ich musste dann später aber feststellen, als ich mich im Büro bei einer Bekannten aufhielt, dass sich kein Filmteam auf dem Areal aufgehalten hatte und auch der Pavillon zum Zeitpunkt meines Rundgangs versperrt gewesen war. Außerdem können Hunde nicht in den Tiergarten gelangen, weil die Bundesgärten das Betreten mit Vierbeinern untersagen.

Später erfuhr ich, dass bereits einige Tage vor meiner Beobachtung zwei Geomanten mit der Wünschelrute im Tirolergarten unterwegs gewesen waren, die zu ihrer großen Überraschung zwei Herren in Gestalt von Kaiser Franz Joseph und Bruno Kreisky in Begleitung eines weißen Boxers gesichtet hatten.

Meine Beobachtung im Schlosspark ist bis heute ungeklärt und wird es wohl bleiben.

Kaiser Franz Joseph spukt darüber hinaus auch beim sogenannten Kaiserbankerl (eine dem Kaiser gewidmete und mit einer diesbezüglichen Plakette versehene Bank), auf dem er sich einst in den frühen Morgenstunden mit seiner Geliebten Anna Nahowski traf (Geschichte zu lesen im Buch „Die spukenden Habsburger" von Gabriele Hasmann).

Kreisky besaß übrigens tatsächlich weiße Boxer, sie hießen Bianca und Goliath. Zur Tierliebe des Kanzlers ist folgende Anekdote überliefert: Der Politiker liebte es, abends Journalisten in sein Privathaus einzuladen, und zwar stets so viele, dass manche keinen Sitzplatz mehr fanden und sich auf dem Boden niederlassen mussten. Einmal legte sich Kreiskys

Boxer neben einen von ihnen, bettete sein Haupt auf dessen Knie und begann im Schlaf die Hose des Journalisten anzusabbern. Der versuchte daraufhin, den Hund durch unauffällige Bewegungen des Beins abzuschütteln. Kreisky behauptete später erbost: „Der Dings ist ein böser Mensch. Er hat den Hund getreten!“

Quellen

Stand aller Internetquellen: 31.5.2017

Allgemein:
Markus, Georg: „Adressen mit Geschichte: Wo berühmte Menschen lebten", Verlag Amalthea, Wien 2005
http://anno.onb.ac.at
http://www.wikipedia.at

Elisabeth Báthory
Parker, RJ: „Serial Killers True Crime Anthology", RJ Parker Publishing, Toronto 2014
http://burgenkunde.at/wissenschaft/Historische_Beitraege/b_Burg_Lockenhaus2/b_Burg_Lockenhaus.htm
http://www.deutschkreutz.at/chronik.pdf
http://historische-serienmoerder.de/die-blutgraefin-elisabeth-bathory-heroine-des-grauens-ungarn-1614/

Graf von Saint Germain
Brookesmith, Peter: „Von Hexen, Wahrsagern und Alchimisten" (aus der Reihe „Die Welt des Unerklärlichen. Kulte und Okkultes"), dt. Erstausgabe Motovun Verlagsgesellschaft AG Schweiz, Luzern 1987
Levitschnigg, Ritter Heinrich von: „Wien, wie es war und ist", Hartleben's Verlags-Expedition, Wien 1860
Walpole, Horace: „The Letters of Horce Walpole", Publisher in Ordinary to Her Majesty, London 1840
https://www.spin.de/forum/225401/-/cb
http://www.vielewelten.at/pdf/oliver%20fehrle.pdf
https://www.wien.gv.at/wiki/index.php?title=Gro%C3%9Fer_Federlhof_(1)
https://www.wien.gv.at/wiki/index.php/Zum_wilden_Mann_(1)
http://www.zeit.de/2010/32/Saint-Germain

Giacomo Casanova,
Hasmann, Gabriele: „Wien zu zweit", Goldegg Verlag, Wien 2015

http://diepresse.com/home/leben/reise/680293/Tschechien_
Casanova-und-der-Sessel-der-Potenz-verleiht
http://www.spiegel.de/spiegel/spiegelspecial/d-8955396.html
http://wien.orf.at/news/stories/2792350/

Joseph Haydn
Duda, Gunther: „W. A. Mozart: Den Göttern gegeben", Verlag Hohe
Warte, Wien 1994
Ryborz, Peter: „Unter Wien 2: Keller, Grüfte und G'scherte", BoD,
Wien 2013
http://www.esterhazykeller.at/historisches.html#anchor-top
http://www.faz.net/aktuell/gesellschaft/mozart-wolferls-kopf-und-
nannerls-gebeine-1194894-p2.html
http://haydn-haus.at/de/historie/biografie
http://www.mv-lenzburg.ch/PDF-Files/Texte_
Werkbeschreibg/20160312-13Haydn-HP2-.pdf
http://www.nachrichten.at/nachrichten/kultur/Kein-Wunderkind-
aber-doch-ein-Wunder-Joseph-Haydn;art16,137133
http://www.vienna.cc/d/musik/haydn_biographie.htm

Andreas Hofer
Grieser, Dietmar: „Der erste Walzer", Verlag Amalthea, Wien 2007
http://1809.tessmann.it/portal1809/eintrag/katalog/lexikon/orte-und-
ereignisse/mantua-zitadelle-porta-nuova
http://www.epoche-napoleon.net/bio/h/hofer02.html
http://www.sagen.at/doku/andreas_hofer/Andreas_Hofer_Familie.html
http://www.siegfriedhagl.com/merkwuerdige-geschichten/vom-
kaiser-verraten

Napoleon Bonaparte
Fournier, August: „Napoleon I.", Europäischer Geschichtsverlag, Pa-
derborn 1902 bis 1923
Horáková, Dana: „101 Top Dogs: Von verkannten Hunden bekannter
Menschen und umgekehrt", Kynos Verlag, Nerdlen 2015
Aretz, Gertrude: „Napoleon und die Gräfin Maria Walewska", Servus
Verlag, Hamburg 2013

Theresia Kandl
„*Wiener Bilder*", Ausgabe vom 2. Juni 1912
Tagebuch des damaligen Praktikanten im k. k. Hof- und Landjägermeisteramt, Mathias Franz Perth (Bericht in der Zeitung „Neues
Wiener Journal, Ausgabe vom 2. Jänner 1900)
Artikel „Der Wiener Pitaval. Eine Sammlung der interessantesten Wie-
ner Kriminalfälle des letzten Jahrhunderts" von Ubald Tartaruga
http://pagewizz.com/theresia-kandl-die-schoenste-moerder-
in-von-wien/
http://www.planet-vienna.com/spots/kandlkapelle/kandlkapelle.htm

Ferdinand Raimund
http://www.baden.at/cms/upload/abteilungen/bildung_kultur/rollett-
museum/katalogblaetter/Katalogblatt_Nr._21_Baden_1940_-_Die_
innere_Front.pdf
http://www.ferdinandraimund.at/biographisches/skizze.shtml
http://gaaden.at/uploads/contenteditor/files/geschichte/geschichte-2.pdf
http://www.gutenstein.at/kultur/geschichte/ferdinand-raimund
Ferdinand Raimund, Sämtliche Werke Bd. 4 und 5
„Memoiren des patriotischen Volks- und Theaterdichters Karl Meisl"
(Hrsg. Franz Ullmayer, Wien 1868)

Anton Bruckner
Gräflinger, Franz: „Anton Bruckner – Sein Leben und seine Werke",
Servus Verlag, Hamburg 2012
http://www.antonbruckner.at/Meldungen/Meldungen_3.html
http://anton-bruckner.heimat.eu/geschichten.htm

Karl May
Horáková, Dana: „101 Top Dogs: Von verkannten Hunden bekannter
Menschen und umgekehrt", Kynos Verlag, Nerdlen 2015
Sawicki, Diethard: „Leben mit den Toten: Geisterglauben und die
Entstehung des Spiritismus in Deutschland", Verlag Ferdinand Schö-
ningh, Paderborn 2016
http://www.nachrichten.at/nachrichten/150jahre/tagespost/Als-Karl-
May-Linz-besuchte;art171761,1717492_

Sigmund Freud
http://science.orf.at/stories/2813397/
http://www.spiegel.de/spiegel/print/d-42623560.html
http://www.spiegel.de/reise/europa/auf-den-spuren-sigmund-freuds-
in-wien-und-london-a-972149.html
http://www.suehnhaus-derfilm.at/inhalt.html

Arthur Schnitzler
Hasmann, Gabriele: „Baden – Geschichten hinter der Geschichte",
Kral Verlag, Berndorf 2016
http://www.baden.at/cms/upload/pdf/stadtarchiv/zuckerl/17.pdf
http://www.br.de/radio/bayern2/wissen/kalenderblatt/2312-
schnitzlers-reigen-provoziert-theaterskandal-100.html
https://www.profil.at/home/arthur-schnitzler-tagebuecher-
zeitdokument-326878

Agatha Christie
http://agathachristie.de/agatha_christie_biografie.htm
http://agatha-christie.de.tl/Biografie.htm
http://www.dieterwunderlich.de/Agatha_Christie.htm
https://www.planet-wissen.de/kultur/literatur/krimis_faszination_
verbrechen/pwieagathachristie100.html
https://www.welt.de/reise/nah/article146427112/Streifzuege-durch-
Agatha-Christies-Moerderbucht.html

Paul Hörbiger
Markus, Georg: „Die Hörbigers: Biografie einer Familie", Amalthea
Verlag, Wien 2006
http://www.spiegel.de/spiegel/print/d-14318607.html
http://www.spiegel.de/spiegel/print/d-41761962.html

Walt Disney
Girtler, Roland: „Herrschaften wünschen zahlen": die bunte Welt der
Kellnerinnen und Kellner", Böhlau Verlag, Wien 2008
Hasmann, Gabriele und Kunze, Gerhard: „Das magische Wien",
Amalthea Verlag, Wien 2015

https://kurier.at/chronik/wien/dagobert-duck-besucht-wien/
36.883.044

Elisabeth Goldarbeiter
Markus, Georg: „Es war ganz anders: Geheimnisse der österreichischen Geschichte", Amalthea Verlag, Wien 2013
Grieser, Dietmar: „Der erste Walzer", Amalthea Verlag, Wien 2007
http://www.imdb.com/title/tt0846784/?ref_=nm_flmg_arf_1
http://www.pratercottage.at/2016/01/28/hugo-stein-und-die-lager
haeuser-rustenschacherallee-42boecklinstrasse-65-und-frazensbrue
ckenstrassevivariumstrasse-1928/
http://www.zeitgeschichte-wn.at/images/Lernmaterialien/22-Lager
f%C3%BCr-ungarisch-j%C3%BCdische-Zwangsarbeiter-in-WN.pdf

Luise Hoffmann
http://filmlexikon.uni-kiel.de/index.php?action=lexikon&tag=det&
id=7811
http://pilotinnen.net/index.php?option=com_docman&task=cat_
view&gid=20&Itemid=64

Bruno Kreisky
Hasmann, Gabriele: „Die spukenden Habsburger", Ueberreuter Verlag, Wien 2016
http://www.salzburg.com/nachrichten/meinung/kolumne/purgertori
um/sn/artikel/wahlkaempfen-mit-hunden-2-94554/
http://www.wien-konkret.at/politik/partei/spoe/4/

Danksagungen

Martina Aichinger von der Marktgemeinde Engelhartstetten – für eine Adressauskunft
Michael Jäger – für die Fotobearbeitung Martin Reisenberg – für die Zurverfügungstellung seines Zitats
Prof. Gerhard Kunze – für sein allumfassendes historisches Wissen
Mag. Heinrich Spitznagel vom Bezirksmuseum Margareten – für eine Adressauskunft

Unheimliches und Unerklärliches

Gabriele Hasmann
Die spukenden Habsburger
Blaublütigen Geistern auf der Spur

208 Seiten, 10 s/w-Abb.
Hardcover mit
Schutzumschlag
ISBN 978-3-8000-7628-4

Auch als E-Book erhältlich!

Gabriele Hasmann
Spukguide Wien
Die schaurigsten Plätze der Stadt

120 Seiten, 50 s/w-Abb.
Klappenbroschur
ISBN 978-3-8000-7669-7